KB066440

부모가 곁에 있어
더 불행하다면

부모가 곁에 있어
더 불행하다면

끊임없이 부모에게 상처받는
당신을 위한 셀프 심리학

산린 사토시 지음 · 황혜숙 옮김

센시오

OYAKO NO HOSOKU JINSEI NO NAYAMI GA KIERU 「OYA SUTE」 NO SUSUME

© Satoshi Sanrin 2022

First published in Japan in 2022 by KADOKAWA CORPORATION, Tokyo.

Korean translation rights arranged with KADOKAWA CORPORATION, Tokyo

through ENTERS KOREA CO., LTD.

이 책의 한국어판 저작권은 (주)엔터스코리아를 통해 저작권자와 독점 계약한 센시오에 있습니다.

저작권법에 의하여 한국 내에서 보호를 받는 저작물이므로 무단전재와 무단복제를 금합니다.

부모와 함께 있어서 오히려 불행하다면,
이제 마음속 '부모 장벽'을 무너뜨릴 때다

최근 일본에서 '올해의 유행어'로 꼽힌 신조어 중에 '부모 뽑기'라는 말이 있다. 문구점 뽑기 기계에서 장난감이 든 캡슐을 뽑듯, 부모 중에도 '당첨'과 '꽝'이 있다는 뜻이다. 어떤 부모를 만나느냐에 따라 내 인생이 술술 풀리기도 하고, 꼬이기도 한다는 자조적 뉘앙스를 담고 있다.

'독 부모'라는 표현도 종종 쓰인다. 그야말로 자녀에게 '독이 되는 부모'를 가리킨다. 예컨대 자녀에게 지나치게 간섭하거나 폭언 또는 폭력을 행사하는 부모, 자녀를 자기 마음대로 지배하려 하거나 자녀의 행복 대신 자신의 편의를 먼저 따지는 부모를 말한다.

나는 라이프 코치로서 가족 문제 해결을 돕는 온라인 학교 '눈이 뜨이는 학교'를 운영하고 있다. 코칭과 컨설팅을 통해 가족들 사이의 다양한 문제를 다룬다. 특히 부모 문제로 고민하는 사람들의 상담이 잦은데, 남녀노소를 불문하고 부모와 겪는 갈등으로 오래도록 고통을 겪는 사람들이 참 많았다.

이런 상황을 좀 더 상세히 파악하고자, 부모와의 관계를 묻는 인터넷 설문조사를 실시했다. 20세 이상 60세 미만 남녀를 대상으로 진행했으며, 샘플 수는 총 1,210명이고 남성 102명과 여성 1,108명이 참여했다(설문조사 업체: 합동회사 serendipity).

결과는 나의 예상을 완전히 벗어났다. "내 부모를 독부모라고 느낀 적이 있나요?"라는 질문에 '자주', '가끔'이라고 답한 사람이 남성은 61.8%, 여성은 65.9%나 되었다.

설문조사 응답자 중에는 내 웹사이트를 미리 방문한 사람이 많았을 테니 당연히 고민을 안고 있었을 것이다.

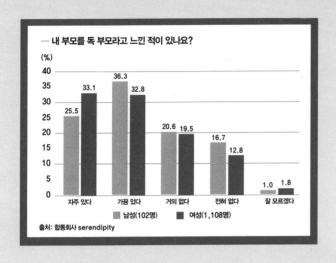

내 부모를 독 부모라고 느낀 적이 있나요?

(%)

	자주 있다	가끔 있다	거의 없다	전혀 없다	잘 모르겠다
남성(102명)	25.5	36.3	20.6	16.7	1.0
여성(1,108명)	33.1	32.8	19.5	12.8	1.8

출처: 합동회사 serendipity

그렇다고 해도 60% 이상이 부모를 나쁘다고 생각한다는 건 꽤 심각한 문제임이 분명하다.

참고로 응답자 중 '돈을 모으지 않는다'고 답한 사람은 약 70%, '미래에 대해 막연한 불안감을 느낀다'고 답한 사람도 50%를 넘었다.

이러한 결과를 보고 내가 겪었던 것처럼 많은 사람이 '부모 장벽' 때문에 고민하고 힘들어한다는 사실을 확신하게 되었다. 부모 장벽이란, 부모의 지나친 억압이나 무관심 속에서 성장한 사람들이 자기 자신에 대한 부정적인식에 사로잡혀 알게 모르게 스스로를 제약하고 괴롭히는 심리를 말한다.

부모 장벽이 있으면 마음의 문을 닫아 버리기 때문에 정작 내가 원하는 것이나 하고 싶은 것은 제대로 알지 못한다. 이들은 부모에게 인정받지 못하다고 느낀다. 따라서 자기 자신을 긍정적으로 받아들이지 못하고, 주체적으로 일을 하거나 돈을 쓰는 것도 어려워한다. 미래에 대한 희망도 없다. 이직을 반복하거나, 과소비를 하거나, 사귀는 사람을 자주 바꾸는 경우도 흔하다. 또한 부모 문제가 사랑하는 상대에 투영되어 연애나 결혼생활이 원만하지 못할 때도 있다.

나 같은 경우에도 오랫동안 아버지에게 심리적 통제를 받고 자라면서 무척 괴로웠다. 지금은 내가 하고 싶은 일을 하면서 원하는 곳에 살고 있지만, 그전만 해도 내 삶을 인정하지 못했고 만족하지도 못했다. 늘 뭔가 부족한 것 같다는 생각에 계속 방황하며 어떻게 해야 텅 빈 마음을 채울 수 있을지 많이 고민했다. 일이 잘 풀리지 않으니 경제적으로도 어려워져서 결혼생활이 원만하지 못했고, 결국 첫 번째 결혼에 실패했다.

나는 인생이 잘 안 풀리는 근본적인 원인 중 하나가 아버지와의 관계임을 짐작하고 있었다. 그래서 아버지와의 심리적인 갈등을 해결하고자 심리학과 자기계발을 배우기 시작했다.

그렇게 인간행동학의 권위자인 존 디마티니 박사의 '디마티니 메소드'라는 자기계발법을 알게 되면서 인생의 방향이 빠르게 달라졌다. 디마티니 메소드는 인생의 여러 요소를 관점을 바꿔 바라봄으로써 선입견을 없애고 대상을 객관적으로 보게 해주는 훈련이다.

나는 이 방법을 아버지와의 심리적인 관계 개선에 사용해 보기로 했다. 그러자 안개가 걷히듯 아버지와의 관계를 포함해 인생 전체가 선명히 보이기 시작했다. 가장 큰 소득은 내가 정말 하고 싶은 일과 해야 할 일을 찾을 수 있었던 것이다.

나는 내가 경험한 것을 더 많은 사람에게 전하고, 부모와의 관계 때문에 고민하거나 부모의 심리적 통제로 힘들어하는 사람들에게 도움을 주고 싶었다. 그래서 부모 자녀 관계에 관한 심리학을 깊이 공부하여 라이프 코치로서 많은 상담을 진행하게 되었다.

내가 하고 싶은 일과 해야 할 일이 명확해지고 망설임 없이 일에 매진하자 자연스레 돈도 따라오게 되었다.

아버지가 떠올라 껄끄러웠던 아버지 연배의 남성도 편하게 대할 수 있었다. 지금까지 내가 기획·운영 중인 온라인 코칭 프로그램의 참여자만 9만 명이 넘는다. 그 덕분에 테슬라 CEO 일론 머스크의 어머니인 메이 머스크의 첫 일본 강연에서 부모 자녀 문제에 대해 인터뷰를 진행하는 행운을 얻기도 했다.

나는 주로 온라인으로 일하고 있기 때문에, 예전부터 살아보고 싶던 유럽에 주로 거주하고 있다. 계절에 따라 여러 나라를 옮겨 다니며 1년에 몇 달은 일본에 머무르는 식으로 '거주의 자유'를 누리는 중이다.

이처럼 인생이 좋은 방향으로 흘러간 건 '부모 탈출'을 잘 실천한 덕분이다. 내 경험이 부모 장벽으로 고민하는 사람들에게 도움이 되기를 바라며, 디마티니 메소드를 비롯해 여러 심리 치료법을 바탕으로 시행착오를 거듭했다. 그리고 마침내 부모 장벽 제거에 딱 맞춘 '부모 탈출 워크'를 개발해 냈다.

부모 탈출은 부모의 심리적 통제로부터 벗어나자는 의미다. 따라서 부모 탈출 워크는 그동안 한쪽으로 치우쳐 있던 부모에 대한 생각을 중립적으로 돌려놓아 객관적인 시각으로 부모를 바라볼 수 있게 한다. 그 결과 자신을 속박하고 있던 부모의 영향력에서 벗어나 돈, 시간, 장소, 인간관계, 건강 등 인생에서 중요한 것들을 자신이 원하는 방향으로 끌고 갈 수 있다.

나는 이 책에서 '부모 탈출 워크'를 삶에 적용하는 구체적인 방법을 안내하고자 한다. 누군가에게는 부모가 든든한 나무 같은 존재이겠지만, 또 다른 누군가에겐 부모란 셀 수 없이 상처를 주고 몰아붙이는 고통스러운 존재다.

부모와 함께하는 것이 오히려 불행하다고 느끼는 사람들에게, 부모는 절대 바뀌지 않아도 내 인생은 얼마든 바뀔 수 있다고, 부모에게서 끊임없이 받은 상처를 얼마든 스스로 치유할 수 있다고 이 책을 통해 말하고 싶다.

다음은 나처럼 부모 탈출을 통해 본래의 자신을 되찾고 자유롭게 살아가는 사람들의 이야기다.

— 독립해서 창업하고 성공할 수 있었어요. (32세 남성)
— 돈 걱정이 사라지고 꽤 여유롭게 살 수 있다는 걸 깨달았어요. (41세 여성)
— 그동안 연애만 하면 한두 달 만에 헤어졌지만, 이제는 상대에게 너무 의존하지 않고 오래 만날 수 있게 되었어요. (29세 여성)
— 사는 게 늘 불만이었는데, 이제는 기쁨을 찾을 수 있어요. (27세 여성)
— 지나치게 간섭하던 부모로부터 자립해서 과식증이나 거식증 증상이 사라지고 나답게 살아갈 수 있게 되었답니다. (25세 여성)

자, 이제 여러분 차례다.
지금까지 부모의 억압을 참아 온 사람부터 '혹시 내 부모가 나쁜 부모였나?' '부모를 잘못 만나 손해를 보고 있는 걸까?'라고 의심을 품은 사람에게도 적극 추천한다.

10대에서 60~70대까지 모든 연령층을 포함해 이미 부모를 떠나보낸 사람도 이 방법을 실천해 보았으면 한다. 부모 탈출 워크는 부모를 바꾸는 것이 아니다. 부모가 아닌 내 마음과 대면하여 스스로 마음의 자유를 얻는 과정으로서, 누구나 쉽게 해내고 인생을 긍정적으로 바꿀 수 있다.

자, 이제 부모의 속박에서 벗어나 한 걸음 내디뎌 꿈을 마음껏 펼쳐 보자!

제3장

부모를 미워해도 괜찮은 이유

제4장

마음속 부모 장벽을 무너뜨려라

제5장
부모 탈출로 얻는 다섯 가지 자유

부모와 함께하면 불행한 당신에게

If you are unhappy
with your parents

부모는
내 인생의 조종자다

충격적인 말로 들릴 수도 있지만, 인생의 90%는 부모와의 관계로 결정된다. 부정하기 어려운 틀림없는 사실이다. 부모는 자녀가 만나는 최초의 '타인'이자 의지해야 할 '보호자'이기 때문이다.

부모의 영향력은 자녀가 인격을 형성하는 시기를 지나 어른이 되어서도 계속 남아 있다. 사고방식, 신념, 가치관 등 부모가 주는 다양한 영향 가운데는 긍정적인 것도 있고 부정적인 것도 있다. 특히 부정적인 것은 마음속에 깊이 새겨져 오래 남는다. 내 부모가 나쁘다고 생각하

021

는 사람이라면 은연중에 이런 부정적인 영향을 받았을
수 있다.

갓난아기는 모유나 우유를 마시고 나서 배설하는 것
이외에는 혼자서 아무것도 할 수 없다. 이렇듯 부모의 보
호가 꼭 필요한 나약한 상태로 태어나서 대체로 고등학
교를 졸업할 때까지 부모의 보살핌과 경제적 지원을 받
는다.

1년 365일, 매일 얼굴을 마주하고 생활하면서 자녀는
부모의 말과 행동을 보고 듣고 깊이 관여하며 성장해 나
간다. 다시 말해 자녀에게 있어서 부모는 처음 만나는 타
인이자, 하나의 인격체로서 '롤 모델'이기도 하다. 이처럼
자녀가 부모에게 보호를 받는 이상 부모는 자녀보다 힘
에서 우위에 있을 수밖에 없다. 즉 부모에게 사랑받는 건
자녀에게는 사활이 달린 문제다. 3~4세 정도까지는 자
아를 천진난만하게 드러내던 아이도 지혜가 생기고 사회
성이 발달하면서 부모에게 사랑받으려 하고 눈치를 보기
시작한다.

나 또한 철들 무렵부터 아버지의 눈치를 살폈던 것 같다. 우리 집엔 대기업 신문사에 근무하던 아버지, 전업주부인 어머니, 나, 그리고 일곱 살 터울의 남동생이 있었다. 남동생과 나이 차이가 많이 나서 나는 평소에 남동생과 거의 대화하지 않는 편이었다.

내가 초등학교 3학년일 때부터 부모님이 이혼한 중학교 1학년 때까지 우리 가족은 아버지의 직장 때문에 싱가포르에 살았다. 1954년생인 아버지는 그 당시 아버지들처럼 고집이 세서 나는 어릴 적부터 반항하려는 마음조차 들지 않았다. 나는 낯가림이 심해서 처음 만난 사람에게 마음을 잘 열지 못하는데, 아무래도 어릴 적에 아버지 눈치를 살피면서 생긴 버릇인 것 같다.

교육열이 유난히 높던 아버지는 나에게 늘 공부를 강조했고 초등학생 때부터 사립학교에 다니게 했다. 덕분에 좋은 교육을 받았다고 생각할 수도 있지만, 한창 놀아야 할 때 원치 않게 공부만 했다는 원망이 마음 한구석에 남아 있었다. 이는 살아가면서 나를 힘들게 했다.

제1장
**부모와
함께하면
불행한 당신에게**

그렇게 말하면
마음이 편할까?

부모가 자녀에게 한 말은 아이에게 두고두고 엄청난 영
향을 끼친다. 악의 없이 한 말에도 자녀는 '자신을 부정
당했다'고 느끼곤 한다. 심리학에서는 유년기의 경험이
'인생 각본'이 되어 어른이 되어서도 그 사람의 사고방식
이나 행동 패턴에 영향을 준다고 한다.

예를 들어 부모가 "매번 왜 그렇게 굼뜨니?", "뭘 시
켜도 제대로 하는 게 없어!"라는 식으로 말한다면 어떨
까? 부모는 아무렇지 않게 내뱉은 말이라고 해도 자녀
는 곧이곧대로 받아들여 '나는 그런 사람이구나'라고

믿게 된다.

또한 부모가 다른 형제만 칭찬하는 (또는 칭찬하는 것 같은) 때도 흔하다. 형제는 부모의 사랑을 두고 경쟁하는 라이벌이다. 따라서 야단맞지 않더라도 '엄마 아빠는 나보다 형(또는 동생)을 더 좋아하나 봐', '난 사랑받지 못할 수도 있어'라고 생각하기 쉽다.

많은 부모는 자녀를 세상에 태어나게 해주었으니 자녀에게 무슨 말이든 해도 된다고 생각하곤 한다. 물론 자녀도 부모에게 기대거나 엄마 아빠는 뭐든 용서해 준다고 생각하겠지만.

내 지인 중 50대 여성인 하나 씨(이후 이 책의 등장인물은 모두 가명)는 어머니에게 "넌 내 자식치곤 잘하는 게 없어"라는 말을 들으면서 자랐다. 하나 씨의 어머니는 학생 때 성적이 좋고 달리기도 반에서 가장 빨랐다고 한다. 제2차 세계대전 후 혼란스러운 시기에 사춘기를 보낸 어머니는 "내가 좋은 시대에 태어났더라면 더 많이 공부해서 의사나 변호사가 됐을 텐데"라고 입버릇처럼 말하곤 했다.

우등생이었던 어머니에 비해 하나 씨는 성적도 보

통이고 운동신경이 좋지 않아 달리기도 느렸다. 원래 마음이 약하고 자기 의견을 제대로 말하지 못하는 하나 씨는 어머니의 말대로 스스로를 잘난 게 전혀 없는 사람이라고 여기게 되었다.

'잘난 나'와 '못난 딸'을 비교하며 딸을 깎아내리고 자신은 치켜세우던 어머니는 급기야 이상한 행동을 하기 시작했다. 하나 씨가 고등학교 입시를 앞두고 밤늦게까지 공부하고 있으면 굳이 방 안에 들어와 공부하지 않아도 된다고 회유한 것이다. 하나 씨는 어머니 말에 따라 그 지역에서 가장 수준 낮은 일반 고등학교에 진학했고, 공부하려는 의지가 전혀 없는 학교 분위기에 크게 실망했다고 한다. 결국 이런 곳에서 내 인생을 끝낼 수 없다는 생각에 열심히 공부해서 반년 만에 성적을 크게 올리며 1지망 대학교에 합격했다. 그제야 하나 씨는 '초등학생 때 수업을 제대로 듣지 않아서 성적이 나빴던 거지, 난 원래 머리가 좋았어'라는 생각이 들었다고 한다.

원하는 대학교에 가긴 했지만, 하나 씨는 어머니가 세상을 떠난 지 10년이 넘은 지금도 자신감이 별로 없다. 쉰여덟이 되었어도 자신의 어린 시절을 콤플렉스투성이로 만든 어머니를 여전히 원망하고 있는 듯했다. 하나 씨는 '엄마가 일부러 내가 잘되지 않았으면 했나?' 하고 의심하고 있다. 몇 가지 짐작되는 이유가 있긴 하다. 아마도 그녀의 어머니는 평화로운 시대에 나고 자란 딸을 질투하면서도 딸보다 자신이 더 낫다는 것을 알려 주고 싶었을 수 있다.

하나 씨처럼 나를 부정하는 듯한 부모의 말은 작은 가시가 되어 마음속에 박혀 있다가 이후 불쑥불쑥 튀어나온다. 누구나 어른이 되어서도 잊지 못하는 부모의 말이나 행동이 있고, 그에 관한 슬픈 추억을 안고 있지 않을까?

그렇지만 어른이 되면 부모의 마음도 어느 정도 이해할 수 있을 것이다. '아빠는 나를 강하게 키우려고 일부러 엄하게 말했던 거야'라든지 '엄마는 동생이 태어난 지 얼마 안 돼서 내 이야기를 들어주기 힘들었을 거야'라는 식으로 부모를 용서하려고 한다. 이미 시간이 오래 지났고 마음속으로 어느 정도 정리했다고 착각하기 때문이다.

그러나 감정은 그렇게 이성적으로 조절할 수 없다. 사소한 말이라도 그 말을 듣고 상처를 받거나 슬펐다면 그 감정은 마음속에 깊이 남는다. 성인으로서 이성적으로 판단하고 용서해야 마음이 가벼워질 것 같아 그러는 것일 뿐, 진심으로 이해했다고 볼 수 없다. 감정 중에는 이렇듯 잘 치유되지 않는 것도 있다.

마음의 상처를
치유하지 못했을 때

치유되지 않는 감정은 다양한 형태로 삶에 그늘을 드리
운다. 더구나 아직 세상을 잘 모르는 어린아이라면 부
모의 말과 행동이 더욱 무겁게 다가올 것이다. 또한 앞
서 말한 대로 부모의 말과 행동은 자녀가 자라면서 내
가 누군지 알아 가고 인격을 형성하는 과정에 많은 영
향을 준다.

　만약 부모로부터 받은 상처를 치유하지 못한 채로 살
아간다면 어떻게 될까? 예를 들자면 굳이 하지 않아도 될
고생을 할 수도 있고, 남들이라면 순조롭게 끝낼 법한 일

도 힘들어할 수 있다. 구체적으로 다음과 같은 일이 일어
난다.

— 자기긍정감이 없다.

— 죄송하다는 말을 입에 달고 산다.

— 허무감을 자주 느낀다.

— 나의 선택에 브레이크를 건다.

— 자유롭게 지내면 마음이 불편하다.

— 돈을 계획적으로 쓰지 못한다.

— 적극적으로 일하지 못한다.

— 감정 기복이 심하다.

— 자기관리에 서툴고 칠칠치 못하다.

— 연애에 자주 실패한다.

— 남들의 말과 행동에 휘둘린다.

자, 이제 하나하나 자세히 살펴보자.

자기긍정감이 없다

요즘 여기저기서 자기긍정감이라는 말이 자주 들린다. 그만큼 스스로를 인정하지 못해 고민하는 사람이 많다는 게 아닐까.

성공과 실패를 예를 들어 이야기해 보자. 사람이 살면서 어떻게 성공만 할 수 있을까? 성공 뒤에 실패가 있고, 실패가 있었기 때문에 성공이 찾아오는 법이다. 하지만 자기긍정감이 낮으면 이런 생각을 하지 못한다. 실패를 겪으면 '내가 힘이 없어서 그런 거야', '다 내 책임이야'라고 필요 이상으로 자책하는 것이다. 더 나아가 '아, 또 실패했네. 난 정말 안 되나 봐'라며 패배의 소용돌이로 빠져든다.

이처럼 자기긍정감이 낮은 사람은 안 된다는 말을 입에 달고 산다. 난 무얼 해도 안 돼, 아무도 날 사랑해 주지 않아, 난 살아갈 가치가 없어. 이런 비관적인 말을 자주 내뱉는다.

이러한 심리를 깊이 파헤쳐 보면 어릴 때 부모가 비관적인 태도를 보인 경우가 많다. 예를 들어 어릴 적에 실패를 겪었을 때 부모가 "그러니까 안 되지"와 같이 말하거나 위로하지도 않고 그냥 넘어간 것이다. 어린아이는 순수해서 부모의 말과 행동을 있는 그대로 받아들인다. 그러고는 하는 일마다 나는 안 된다고 단정 짓는다.

죄송하다는 말을 입에 달고 산다

"뭐 하나 물어봐도 될까요?", "지금 시간 괜찮나요?"라고 말하면 될걸, 굳이 '죄송한데'라는 사과의 말을 앞에 꼭 붙이는 사람들이 있다.

당사자는 아마 별 뜻 없이 내뱉은 말이겠지만, 나는 이런 사람을 만날 때마다 '혹시 부모에게 인정받지 못하면서 자랐나?'라는 생각이 든다. 부모가 성격이 급하거나 자녀에게 이래라저래라 참견한다면, 자녀는 늘 부모의 눈치를 보기 때문이다. 이렇듯 부모의 눈치를 살피던 버릇 때문에 남에게 말을 걸 때 "죄송한데"라는 말로 시작하는 게 아닐까 싶다. 아니면 '일단 사과부터 해둬야 나중에 별일이 안 생겨'라고 생각할 수도 있다.

나는 해외에서 오래 거주하며 여러 국가의 사람들을

접해 보았다. 생각보다 많은 사람은 설령 잘못이 있더라
도 죄송하다는 말을 먼저 잘 꺼내지 않는다.

허무감을 자주 느낀다

객관적으로 생각했을 때 풍족한 환경에서 자랐지만
마음 어딘가 구멍이 뚫린 듯 공허하거나 부족하다고 느
낀 적이 있는가? 다른 사람의 눈에는 복에 겨운 고민일지
도 모르지만, 오히려 남들이 이해하지 못해서 더욱 괴로
울 수도 있다. 사실 나도 이런 사람이었다.

남들이 보기에는 별문제가 없어 보여도 모두 만족하
면서 사는 건 아니다. 이런 사람들은 남들이 생각하는 것
만큼 잘 살아왔다고 느끼지 못할뿐더러 남들의 생각을
진심으로 받아들이지 못한다.

지금에 와서 생각해 보니 그 원인은 부모의 기대에
맞춰 살아온 것이었다. 즉 부모가 기대하는 삶의 방식을
받아들이고 그에 따라 살아왔지만, 그건 부모가 바라는
인생이지 정작 자신이 바라는 인생과 달랐다.

이처럼 나의 진심과 거리를 두고 살면 괴롭기만 하지

아무런 만족감도 얻을 수 없다. 부모의 생각을 먼저 따지고 내 마음은 무시했기 때문에, 겉으로는 별문제가 없어 보여도 당사자는 삶이 텅 비어 있다고 느끼게 된다.

나의 선택에 브레이크를 건다

누가 반대하는 것도 아닌데 하고 싶은 걸 못하는 사람도 있지 않을까?

'꿈꿔 왔던 세계 일주 여행을 정말 해봐도 될까?'

'코칭이나 상담을 공부해 보고 싶은데 망설여지네.'

이런 식으로 나의 한계를 정하는 건 무의식중에 '부모가 반대하지 않을까?'라고 생각해서다. 즉 부모가 자녀에게 심어 놓은 안정 지향적 사고방식 때문이다.

2000년 이전에 태어난 자녀들의 부모 세대는 의식 수준이 2000년께 머물러 있다. 그래서 아무리 시대가 변했어도 자녀에게 '취직할 거면 대기업', '한곳에서 오래 일하는 게 좋다', '얌전히 있으면 어떻게든 살아남는다' 등 자신의 상식을 강요하곤 한다. 그 상식이란 게 시대에 뒤

처지긴 했지만.

자녀가 취업에 유리하도록 학력을 쌓아서 대기업에 들어가길 바라는 건 당연히 자녀가 고생하지 않았으면 하는 부모의 마음이다. 많은 부모가 이것을 말로 확실히 표현한다.

자녀는 이러한 부모의 마음을 '요즘 같은 시대에 무슨 소리를 하는 거지?'라고 생각한다. 하지만 어릴 때부터 접하다 보면 부모의 안전 지향적 가치관이 알게 모르게 마음속에 깊이 박히고, 거기서 쉽게 벗어나지 못한다. 결국 뭔가 하려고 할 때마다 '그래도 될까?'라고 스스로 브레이크를 걸게 된다.

자유롭게 지내면 마음이 불편하다

여기서 말하는 '자유'는 주로 시간적인 자유를 뜻한다. 나의 선택에 브레이크를 거는 것이 부모의 마음을 너무 신경 썼기 때문이라면, 이 죄책감은 부모의 평소 생활을 지켜보면서 자연스럽게 생겨난다.

어릴 때부터 오랜 시간 일하는 부모를 보고 자라면

'편안하게 시간을 보내는 것'이 곧 '그저 놀고 있는 것'과
같다고 여기게 된다. 그래서 자유 시간을 누리다가도 무
의식중에 부모에게 "열심히 일해야지!"라는 말을 들을
거라고 생각한다.

나 역시 부모 탈출 워크를 하기 전에 죄책감을 느꼈
던 적이 있다. 당시 노트북 하나만 들고 두 달 정도 해외
에 나가 일하는 동안 마음이 내내 불편했다. 의기양양하
게 떠났지만 정작 '정말 이래도 될까?'라는 생각이 늘 따
라다녔기 때문이다.

당시에도 이미 프리랜서로 꽤 오래 활동하고 있었기
때문에 자유롭게 일해도 된다고 생각하면서도 한편에선
죄책감이 자꾸 고개를 들었다. 그때는 깨닫지 못했지만,
머릿속에서 분명 아버지가 아침부터 밤까지 일하던 모습
과 나를 비교해 보았을 것이다. '아버지가 맞아, 난 틀렸
고…' 이렇게 생각하면서.

10년 전 부모를 여읜 분이 "지금도 '이런 걸 하면 부
모님이 싫어하지 않을까' 하는 생각이 들어요"라고 말하

는 걸 들은 적이 있다. 몇 살이 되었든, 부모가 곁에 있든 아니든, 아무리 시간이 지나도 부모는 마음속에 '감시자'로서 존재하고 있다. 부모와 자녀는 이처럼 뿌리 깊은 관계다.

돈을 계획적으로 쓰지 못한다

돈을 계획적으로 쓰지 못하는 사람 중에는 부모가 돈으로 고생하는 모습을 보고 자란 경우가 많다. 또한 부모가 돈 때문에 다투는 걸 보면 돈에 대해 더욱 나쁜 인상이 생긴다. 즉 머릿속에 '돈과 얽히면 고생'하고 '돈은 부부 싸움을 불러일으키는 원인'이라는 생각이 입력되어 결국 돈을 잘 다루지 못하는 것이다.

돈을 계획적으로 관리하지 못해 생기는 현상 중 하나가 '과소비'인데, 여기에는 뜻밖의 원인도 있다. 예를 들어 부모에게 원하는 것을 사달라고 졸랐을 때 "필요 없는데 그걸 왜 사니?"라고 거절당한 경험이다. 부모가 자녀에게 사주지 않는 이유를 제대로 설명해 주기만 해도 문

037

제없지만, 많은 부모가 딱 잘라 거절하고 넘어간다.

결국 자녀의 머릿속에는 '부모가 원하는 걸 사주지 않았다'는 경험이 '내가 원하는 건 가질 수 없다'로 이어진다. 그래서 갖고 싶은 게 떠오르면 '없어지기 전에 얼른 사야 돼!'라는 생각에 과소비를 하는 것이다. 반대로 돈을 쓰는 데 이상한 죄책감을 갖기도 한다.

이 원인들의 공통점은 바로 '돈에 대해 냉정하게 판단하지 못한다'는 것이다. 냉정하게 판단할 수만 있다면 돈을 어디에 써야 할지 계획을 세울 수 있다. 판단력이 없다 보니 한순간의 감정에 휘둘려 돈을 쓰게 되고, 결과적으로 돈을 관리하지 못하는 것이다.

적극적으로 일하지 못한다

부모와의 관계는 일을 대하는 자세에도 영향을 준다. 부모가 일 때문에 힘들어하는 모습을 계속 보고 자라면, 자녀는 일하는 건 힘들다고 생각하게 된다. 부모가 바쁘다며 시간을 같이 보내 주지 않아 외로웠던 기억도 당연히 영향을 줄 것이다. 그 외에 부모와 사이가 좋지 않았던 자녀가 상사와 부모를 동일시하며 솔직하게 행동하지 못할 수도 있다. 이렇듯 여러 가지 부모 문제로 일하는 게 힘들어지면 일로 성과를 내려는 마음이 들지 않는다.

나 같은 경우에는 마음속에 아버지에 대한 두려움과 분노가 있어서 그런지 사회 초년생 때 회사에서 상사와의 관계가 가장 힘들었다. 어렸을 때 엄한 아버지 앞에 서면 늘 긴장했는데, 그 때문인지 상사 앞에 서면 어떻게 행동해야 할지를 몰라 허둥댔다. '신입사원이니 궁금한 건 상사에게 바로 물어보고 빨리 보고해야지.' 머리로는 이렇게 잘 이해하고 있었지만 마음은 따로 놀아 아무리 노력해도 상사를 편하게 대하지 못했다.

회사에서 윗사람일수록 자기에게 의지하는 젊은 부하직원을 대견해하며 격려하지 않을까? 그런 점에서 나는 대견해할 만한 구석이 전혀 없는, 무슨 생각을 하는지 통 알 수 없는 부하직원이었다. 결과적으로 나는 '왜 일을 못하지?'라는 열등감에 휩싸인 채 회사를 다녔고 끝내 업무 성과를 올리지 못했다.

감정 기복이 심하다

감정 기복이 심하고 제 감정을 잘 조절하지 못하는 사람들이 있다. 혹시 이런 사람일수록 옳고 그름에 심하게 집착하거나 모든 일을 흑백논리로 판단한다고 생각하는가? 실제로 이런 사람들은 자신과 다른 사고방식이나 가치관을 "그건 안 돼", "절대 인정 못해"라고 함부로 판단하면서 자신이 얼마나 올바른지 장황하게 늘어놓는다.

이러한 심리의 이면에는 부모에게 억압받았던 경험이 있지 않을까 생각한다. 만약 부모에게 "그러면 안 돼!"라고 항상 제지를 당했다면, 남을 판단하는 것을 당연하게 여길 수 있다.

이런 사람들은 어릴 적부터 부모가 하라는 대로 해왔으니 남에게도 자신이 겪은 것처럼 뭔가를 하라고 똑같이 강요한다. 당연히 남들이 모두 내가 바라는 대로 행동할 수는 없다. 하지만 이런 사람들은 그걸 바라고, 뜻대로 되지 않으면 상대방을 용서하지 못한다. 게다가 자기 뜻대로 되지 않으면 화가 차올라서 만나는 사람마다 마음에 들지 않아 한다. 결국 주위 사람들이 점점 줄어들면서 외롭게 지내게 된다.

자기관리에 서툴고 칠칠치 못하다

자기관리를 잘 못하고 될 대로 되라는 식으로 살아가는 사람들은 보통 인생을 소중하게 여기지 않는다. 좀 더 과장하자면 이런 사람들은 자신의 가능성을 믿지 않는다.

그렇다면 우리는 왜 해야 할 일에 따라 시간을 계획하고 그에 맞춰 행동해야 할까? 그렇게 해야만 인생이 좀 더 나아진다고 믿고 있어서다. 하지만 알고 있으면서도 그렇게 하지 못하는 건 '어차피 이번 생은 망했어', '나는 제대로 할 수 있는 게 없어', '나는 별 볼 일 없는 인간이야'라는 생각이 마음속에 깔려 있기 때문이다.

앞서 말한 대로 부모가 "넌 쓸모없어", "넌 아무것도 할 줄 몰라"라는 말을 아무렇지 않게 꺼낸다면, 자녀는 그 말을 곧이곧대로 받아들여 스스로를 아무것도 못 하는 사람이라고 여기게 된다.

이런 사람들은 자신이 하찮고 별 볼 일 없으니 뭔가를

제대로 하더라도 좋은 평가를 받지 못할 거라고 확신한다.

결국 시간 계획을 못하고 자기관리에 서툰 성격이 된다.

연애에 자주 실패한다

부모와의 관계는 연애에 직접적인 영향을 준다. 특히 일본 여성 중에 남자 운이 없다고 한탄하는 사람이 많은 데(어디까지나 개인적인 의견이다), 일본 문화를 감안하면 그리 허황된 말도 아니다.

2021년 세계경제포럼이 발표한 성 격차 지수Gender Gap Index에서 일본은 세계 156개 국가 중 120위를 차지했다한국은 102위—옮긴이. 즉 일본은 선진국 중에서 남녀 차별이 가장 심한 국가에 속한다.

실제로 내가 아는 여성 중에는 아버지가 독재자처럼 군림하며 어머니를 학대하는 모습을 자주 보며 자랐다는 사람이 많다. '학대'는 비단 때리거나 발로 차는 등 폭력에만 그치지 않는다. 아버지가 어머니를 자주 무시한다든지 자기 마음대로만 하려고 해서 어머니를 힘들게 하는 것 또한 정신적·도덕적 학대다.

만약 아버지가 아예 일하지 않거나 돈벌이가 아주 시원찮다면, 자녀의 머릿속에는 '결혼하면 안 될 남자'가 점점 늘어난다. 그리고 '고생시키는 아버지와 고생하는 어머니'의 모습을 계속해서 보고 자라면 '남자를 여자를 힘들게 한다', '여자는 늘 피해자다'라는 식으로 남녀 관계에 대해 편견을 갖게 된다.

이는 자녀의 연애에 구체적으로 어떤 영향을 끼칠까? 딸이라면 연애 중에 어머니와 같은 상황에 놓이면 어쩔 수 없다는 식으로 그 상황을 그대로 받아들이는 경우가 많다. 반면 아들은 어머니와 사이가 나빴다면 여성을 잘 대하지 못하거나 여성에 대해 혐오감을 품기도 한다.

남들의 말과 행동에 휘둘린다

혹시 내 의견에 다른 사람이 "그건 아니지"라고 반박했을 때 '내가 틀렸나 보네'라고 생각한 적이 있는가? 또는 늘 나만 손해 보고, 내 인생만 마음먹은 대로 돌아가지 않는다고 생각하며 남들을 부러워한 적은 없는가?

누구나 정도의 차이는 있지만 남의 말에 현혹되거나 남을 부러워할 수 있다. 그러나 도가 지나쳐서 남들의 말 하나하나에 크게 흔들리는 사람이라면 부모와 어떤 사이 였는지 되짚어 봐야 한다. 부모와의 관계가 영향을 주고 있을 가능성이 높기 때문이다.

예를 들어 부모가 절대적인 권력을 행사하며 자녀를 지배할 때다. 그러면 자녀는 '엄마 아빠 말을 따르면 별문 제는 없으니까'라고 생각하며 부모의 말이 모두 정답이라 고 여긴다. 이렇게 남의 말에 따르며 살다 보면 어른이 되 어서 주체적으로 생각하고 행동하는 것을 힘들어한다.

그렇게 되면 내 인생이 내 것이 아닌 것 같고 자신감 도 사라진다. 결국 남의 의견에 지나치게 휘둘리거나, 나 만 손해 보고 있다는 기분이 들거나, 다른 사람을 부러워 하게 된다.

괜찮은 걸까,
괜찮은 척하는 걸까?

지금까지 설명한 대로 부모는 자녀에게 매우 큰 영향을
준다. 부모는 자녀와 가장 가까운 사이이자, 자녀가 가장
의지하는 사람이며, 동시에 자녀와 함께 보내는 긴 시간
을 보낸다.

일반적으로 고등학교를 졸업할 때까지 부모는 자녀
를 물심양면으로 돌본다. 다시 말해 자녀는 거의 18년 동
안 매일 부모의 말과 행동을 보고 듣는다. 당연히 부모의
영향력이 클 수밖에 없다. 또한 자녀는 부모와의 관계를
통해 의사소통을 배워 나간다.

하지만 가정은 여러 면에서 폐쇄된 세계다. 우연히 보거나 일부러 훔쳐보지 않는 한, 옆집이 어떻게 사는지 과연 알 수 있을까? 다른 집 부모는 어떤 사람이고 자기 자식을 어떻게 대하는지 아무도 속속들이 알 수 없다.

이렇듯 가정이라는 폐쇄된 환경에서 자녀의 인격은 부모를 기준으로 형성된다. 문제는 자녀가 부모의 가치관이나 선입견을 그대로 이어받아 알게 모르게 스스로를 제약하고 괴롭힌다는 사실이다. 앞서 설명한 대로 나는 이것을 부모 장벽이라고 부른다.

부모로부터 자립하는 첫걸음은 내 마음속 부모 장벽을 알아내는 것이다. 따라서 나의 어떤 면에 부모 장벽이 있는지 다음의 체크리스트를 통해 확인해 보자. 제2장에서는 체크리스트 결과를 분석하는 방법과 다양한 부모 장벽을 자세히 살펴보도록 하겠다.

부모 장벽 체크리스트

A그룹

□ 돈 때문에 늘 불안하다.

□ 잘살고 있는 것 같지 않다.

□ 돈을 잘 모으지 못한다.

□ 돈 핑계를 대며 도전하지 않는다.

□ 돈을 잘 관리하지 못한다.

□ 상사와 잘 지내지 못한다.

□ 내일도 회사에 갈 생각을 하면 우울하다.

□ 나는 별 볼 일 없는 사람인 것 같다.

□ 일에서 보람을 느끼지 못한다.

□ 업무 성과가 잘 오르지 않는다.

합계 (　)개

B그룹

□ 오래 연애하지 못한다.

□ 연애하는 게 힘들다.

□ 사람들과 깊게 친해지지 못한다.

□ 남의 기대에 너무 맞추려 한다.

□ 나 자신을 좋아하지 못한다.

□ 남의 시선이 신경 쓰인다.

□ 행복하냐는 질문에 선뜻 대답하지 못한다.

□ 지금 생활에 괜한 불안을 느낀다.

□ 평소에 자주 짜증이 난다.

□ 내 미래가 밝지 않을 것 같다

합계 (　)개

A그룹과 B그룹의 합계 (　)개

제2장

부모와
사이가 힘들 때
일어나는 일

If you are unhappy
with your parents

내 안에 박혀 있는
불행의 개수

앞서 진행한 체크리스트 결과를 바탕으로 나의 부모 장벽을 살펴보도록 하자. A그룹과 B그룹에 체크한 수를 합치면 부모 장벽 수준, 즉 부모로부터 얼마큼 부정적인 영향을 받았는지 알 수 있다.

— 1~5개: 낮음

— 6~10개: 약함

— 11~15개: 중간

— 16개 이상: 강함

합계가 많을수록 부모 장벽이 심하고 평소에 부모 문제로 고민이 많다고 보면 된다. 또한 A그룹과 B그룹 중 어디에 집중되어 있느냐에 따라 아빠와 엄마 중 어느 쪽의 장벽이 높은지도 알 수 있다.

내면을 알면
보이는 것들

인간은 남성인 아버지와 여성인 어머니를 통해 이 세상에 태어나고, 부모의 유전자 정보를 절반씩 물려받는다. 그리고 남성이든 여성이든 누구나 내면에 남성성과 여성성을 모두 가지고 있다.

'젠더리스 시대에 남성성과 여성성을 운운하는 건 고리타분하지 않나?'라고 생각할 수도 있다. 하지만 심리학에서는 이러한 생각이 인정되어 왔고, 남성과 여성은 우열 없이 그저 성이 다를 뿐이다. 일단 이런 의견도 있다고 이해하고 계속 읽어 보길 바란다.

성 역할 척도의 항목

— **남성성**

신념을 지킨다 • 씩씩하다 • 경쟁심이 있다 • 수완이 좋다 •
지도력이 있다 • 거칠다 • 배짱이 있다 • 결단력이 있다 • 용
기가 있다 • 공격적이다 • 설득력이 있다 • 고집이 세다 • 믿
음직하다 • 적극적이다 • 대담하다 • 체력이 좋다 • 힘이 넘친
다 • 모험심이 있다 • 독창적이다 • 자발적이다

— **여성성**

붙임성이 좋다 • 섬세하다 • 매력적이다 • 아이를 좋아한다 •
말투가 상냥하다 • 소극적이다 • 고상하다 • 동정심이 있다 •
남을 잘 돌본다 • 응석 부린다 • 마음이 따뜻하다 • 장난기가
있다 • 눈치가 빠르다 • 헌신적이다 • 착하다 • 세련되다 • 섹
시하다 • 애교가 있다 • 남을 돌보는 걸 좋아한다

심리학에서는 융학파카를 융의 심층 심리학파—옮긴이가 남성성
Masculinity과 여성성Femininity을 연구해 왔다. 남성성과 여
성성에 관한 대표적인 지표는 54~55쪽과 같다.

남성성의 특징

— 야심이 많고 성공하려는 욕심이 크다.

— 대립을 즐기고 분열을 마다하지 않는다.

— 사회적 성공을 중시한다.

— 경쟁에서 이겨야 명예와 돈을 얻을 수 있다고 생각한다.

— 의사 결정력이 있다.

— 결단력이 좋다.

— 일이 곧 인생이라고 생각한다.

— 뭔가 해내면 사람들에게 칭찬받을 거라고 믿는다.

여성성의 특징

— 삶의 질을 중시한다.

— 다른 사람을 잘 돕는다.

— 합의를 목표로 한다(남성보다 더 평화적·협조적).

— 경쟁에서 남을 이기는 건 칭찬받을 만한 일이 아니라고
   생각한다.

— 직관력이 높고 번뜩이는 아이디어가 풍부하다.

— 노동은 단지 생활 수단이라고 생각한다.

— 동정심이 많고 공감 능력이 있다.

— 서로의 역할을 커버해 준다.

먼저 54쪽은 미국의 젠더학 권위자이자 심리학자인 샌드라 벰Sandra Bem이 만든 '성 역할 척도Bem Sex Role Inventory'다.

그리고 55쪽은 네덜란드의 저명한 사회학자이자 IBM
의 연구원이었던 헤이르트 홉스테더^{Geert Hofstede}가 만든
지표다. 홉스테더는 이 지표를 국가별 문화 차이에 따라
남성성이 강한 사회와 여성성이 강한 사회가 구분된다는
사실을 연구할 때 사용했다.

누가 더
나를 힘들게 할까?

앞서 말했듯이 심리학에서는 남녀 모두 남성성과 여성성을 가지고 있다고 본다. 일반적으로 남성은 남성성이 강하고, 여성은 여성성이 강한 편이다. 아버지는 자녀가 처음 만나는 남성이고, 어머니는 처음으로 만나는 여성이다. 따라서 아버지로부터 남성성을, 어머니로부터 여성성의 영향을 크게 받는다고 볼 수 있다.

남성성으로 분류되는 특징은 논리성, 리더십, 적극성, 결단력, 공격성 등이며 여성성으로 분류되는 특징은 감정, 온화함, 유연성, 포용력, 공감성 등이다. 그러므로 남성성은 목적 실현, 돈, 일과 관련되고, 여성성은 만족감과 행복감을 느끼는 능력이나 인간관계와 관련된다.

물론 이는 어디까지나 원칙일 뿐 예외도 있을 수 있다. 그러나 나 같은 경우에는 이 원칙이 딱 들어맞았다. 나는 심리학을 배우기 전부터 아버지와 사이가 좋지 않다는 걸 분명히 알고 있었다. 아버지가 불편한 이유는 다음과 같이 다양했다.

— 한창 놀고 싶을 때 공부하라고 강요했다.
— 다른 집의 아버지처럼 편안한 사이가 아니었다.
— 늘 나를 내려다보며 조금도 내 마음을 알아주려
 하지 않았다.
— 어머니와 이혼했다.

지금은 부부 사이가 어느 한쪽에만 책임이 있지 않다는 걸 잘 알고 있다. 그러나 그때는 아버지에 대한 불만과 혐오감이 절정에 다다라서 아버지를 원망할 수밖에 없었다.

　이혼 후 어머니가 나와 남동생을 키우게 돼서 우리 형제는 외갓집에서 살았다. 하지만 어머니 말로는 아버지가 보내는 양육비가 부족해서, 내가 직접 아버지에게 양육비 이야기를 꺼내곤 했다.

　이런 일들을 겪으니 '내가 이렇게 고생하는데 왜 아버지는 매번 쩨쩨하게 굴까?'라는 생각이 들 수밖에 없었다. 그렇게 나는 그때까지 겪은 일과 엮어서 '아버지는 너무하다', '아버지는 나쁘다'라고 단정 짓게 되었다.

　아버지와 사이가 나빠지면서 내 인생은 크게 달라졌다. 특히 일에 관해서는 이유도 알지 못한 채 모든 게 잘 풀리지 않았다. 제1장에서 말한 대로 나는 신입으로 들어간 회사에서 전혀 성과를 내지 못했고, 3년 만에 그 회사를 그만두었다. "속이 다 시원하네! 이제 새 출발하는 거야!"라고 호언장담했지만, 막상 몸이 따라 주지 않았다. 당연히 생산적인 일을 해야 돈을 벌 수 있다는 걸 머리로는 잘 알고 있었다. 그래서 아침에 일어나면 '오늘은 여기까지 일해야지!' 또는 '적어도 모레까지 끝내야지!'라고 계획은 잘 세웠지만 집중하지 못하거나 이런저런 핑계를 대면서 앞으로 나아가지 못했다. 돌이켜 보면 아무리 할 수 있다고 되뇌어도 근본적으로 일하려는 의욕이 부족했던 것 같다.

그러다 코칭을 받기 시작하고 심리학에서 말하는 내면 아이(마음속에 있는 치유받지 못한 아이)라는 걸 알게 되면서 비로소 의욕이 떨어지는 이유가 아버지였음을 알고 깜짝 놀랐다. 아버지와의 사이가 나쁜 건 잘 알고 있었지만, 그 때문에 내 심리나 행동이 큰 영향을 받을 줄은 꿈에도 생각지 못했기 때문이다.

내가 그랬던 것처럼 '부모 때문에 부정적인 영향을 받은 부분'과 '부모 장벽으로 막힌 부분'은 스스로 알기 어렵다. 따라서 앞서 진행한 체크리스트가 필요하다.

체크리스트 중 A그룹은 주로 남성성에 관한 질문이고, B그룹은 주로 여성성에 관한 질문이다. 앞서 말한 대로 A그룹에 해당되는 항목이 많다면 아버지와의 관계, B그룹에 해당되는 항목이 많다면 어머니와의 관계에서 해결해야 할 문제가 많다고 볼 수 있다.

그럼, 각각의 항목에 대해 알아보도록 하자.

아빠와 사이가 나쁠 때
일어나는 일

돈 때문에 늘 불안하다

여기에 체크했다면 소득이 적거나 모아 놓은 돈이 적어서 고민하는 경우가 많다. 그렇다면 왜 불안할 만큼 돈을 적게 버는 것에 안주하고 있을까? 바로 마음속 깊숙이 돈 버는 일을 부정적으로 생각하기 때문이다.

돈이나 일은 주로 내면의 남성성이 담당하며, 아버지로부터 큰 영향을 받는다. 아버지와 사이가 나쁘면 자녀는 돈을 벌거나 일하는 것을 긍정적으로 바라보지 못한

061

다. 그래서 훗날 일하고 돈을 벌 나이가 되었을 때, 굳이
수입이 적은 직업을 고르는 등 스스로를 가난하게 만드
는 행동을 한다(대부분 무의식중에 일어난다).

나도 그랬지만 돈 고민을 하며 나를 찾아온 고객 중
에는 어릴 적 부모의 이혼 등으로 아버지와 떨어져 자랐
거나, 버림받았다고 생각하며 아버지를 원망하는 사람이
적지 않다.

잘살고 있는 것 같지 않다

여기에 체크한 사람들은 실제로는 돈이 많지만 정작
그렇게 생각하지 않는다. 아무리 벌어도 여전히 부족하
다고 느껴서 돈에 대한 갈망이 늘 따라다닌다.

그 이유는 현재 상황에 만족하지 못하기 때문이다. 이
경우 아버지가 어린 자녀를 있는 그대로 인정하지 않고
뭔가를 더 해내라고 요구했을 가능성이 높다. 아니면 일
이나 돈이 원하는 대로 풀리지 않아 불만인 아버지가 자
신이 이루지 못한 것을 자녀에게 요구할 때도 있다. 요구
가 계속 이어진다는 건 '아버지로서 지금 자녀에게 만족

하지 못한다'는 뜻이다.

그런 아버지 밑에서 자란 사람은 어른이 되고도 '난 이런 게 부족해'라는 식으로 자신의 부족한 점을 자꾸 들 춰내곤 한다.

돈을 잘 모으지 못한다

사람의 행복은 돈으로 결정할 수 없다. 하지만 웬만큼 편안하게 생활하려면 당연히 어느 정도 돈이 필요하다. 또한 저금은 계획적인 삶을 상징하기도 한다. 저금을 아 예 하지 못하거나 일정 금액 이상으로 더 모으지 못하는 사람은 인생을 잘 설계하지 못한다고 할 수 있다.

원인을 살펴보자면, 먼저 아버지의 벌이가 적어 형편 이 좋지 않은 환경에서 자랐기 때문일 수 있다. 앞을 내 다보지 못하던 아버지가 인생의 롤 모델이기 때문에 왜 저금해야 하는지 잘 이해하기 어렵다.

또 다른 원인으로는 일부러 '저금도 못할 만큼 가난 한 나'를 만드는 경우를 들 수 있다. 어릴 적에 아버지의 사랑을 느끼지 못했거나 오히려 압박감을 느꼈다면, 아

버지에 대한 복수심으로 어른이 되어서 자녀 교육이 실
패했다는 걸 보여 주려는 것이다. 다시 말해 복수를 위해
스스로를 가난한 상황으로 몰아넣는다(이 또한 무의식중에
일어난다).

나 역시 그런 사람 중 하나였다. 회사를 그만두고 프
리랜서로 일하게 되었지만, 한때 그다지 열심히 하지 않
아 수입이 적어 생활고를 겪었다. 지금 생각해 보면 아
버지에 대한 복수였던 것 같다. 내가 바라는 대로 애정을
베풀지 않던 아버지에게 '당신의 자녀 교육은 실패했고
나는 이 나이 먹도록 돈도 잘 모으지 못하는 어른이 됐어
요!'라고 보여 주고 싶었던 것이다.

돈 핑계를 대며 도전하지 않는다

많은 사람이 돈 때문에 뭔가를 포기하곤 한다. 자기계
발 세미나에서 나는 종종 "어떤 인생이 이상적이라고 생
각하나요?"라든지 "1년 후에 어떻게 살고 있었으면 좋겠
나요?"라는 질문을 던진다. 이런 질문에 현재 처지만 따

지다 이상적이지도 꿈이라고도 할 수 없는 '지금과 별다

르지 않는 모습'만 떠올리는 사람이 많다.

그 이유는 어릴 때부터 뭔가 해보려 하면 아버지에게

안 된다고 거부당하다 보니 어느새 아무것도 할 수 없다

는 무력감에 빠져 자신이 정말 바라는 게 무엇인지 모르

기 때문이다. 아니면 '가족 때문에 하고 싶은 것도 못하

고 나에게 돈도 잘 쓰지 못한다'는 생각을 가진 아버지의

모습이 알게 모르게 머릿속에 새겨져서 '내가 하고 싶은

일에 돈을 들이는 건 나쁘다'고 무의식중에 생각하고 있

을 수도 있다.

'지금 가진 돈으로는 기껏해야 이 정도'라든지 '내가

할 수 있는 건 뻔하다'라는 식의 가능성을 막는 사고방

식이 자리 잡으면 나에게 가능성이 있다는 사실 자체를

잊어버리게 된다.

돈을 잘 관리하지 못한다

내 고객 중에는 돈을 잘 관리하지 못하고 돈 계산도

어려워하는 사람이 많다. 그런 사람들과 상담하다 보면

어릴 때 부모로부터 돈에 대해 부정적인 말을 들었던 적
이 있다고 한다.

젊은 사람들의 아버지 세대는 그들의 부모로부터 가
난해도 떳떳하게 살아가는 게 훌륭하다는 생각을 물려받
았다. 그래서 돈에 대한 시각이 우리와 다르다.

나 역시 어릴 적에 세뱃돈이나 용돈을 세고 있으면
아버지로부터 "넌 돈만 보면 표정이 달라지는구나"라는
말을 듣곤 했다. 그때 이후로 '돈을 받고 기뻐하면 안 돼.
그건 속물 같은 행동이야'라는 생각이 들어 오랫동안 돈
만 떠올리면 스트레스를 받았다. 분명 나 같은 경험을 한
사람이 적지 않을 것이다.

이 일 때문인지, 나는 프리랜서로 일하면서 작업 비용
을 책정할 때마다 늘 힘들었다. '이렇게 많이 받아도 되
나?'라는 생각이 자연스레 들었기 때문이다.

돈에 관해선 잘 모른다고 자랑스럽게 말하는 사람도
있다. 이는 인생에 아무런 계획이 없다고 말하는 것이나
마찬가지다. 어떤 점에선 스스로를 무시하는 것이라고도

할 수 있다. 약간 심하게 말하자면, 나 자신을 소중히 여기지 않으면서 돈에 무지한 걸 미덕인 양 그럴듯하게 포장하려고 한다.

상사와 잘 지내지 못한다

앞서 말한 대로 내가 바로 이런 사람이었다. 상징적으로 보자면 '상사=윗사람=아버지'다. 즉 윗사람과 업무 이야기를 나누는 게 어렵다면 아버지와의 사이가 나빴던 것이 원인일 수도 있다.

나는 상사와 소통하는 것이 너무 두려웠다. 상사에게 무슨 말을 들으면 큰 상처를 받지 않을까 두려워 마음에 미리 장벽을 치곤 했다. 또한 업무 중에 조금만 주의를 받아도 심각하게 받아들여서 더 크게 좌절한 적도 있었다. 돌이켜 보면 단순한 주의에 불과했는데, 당시 나는 내 인격을 모조리 부정당한 것처럼 느꼈다.

이처럼 강압적인 아버지 밑에서 자란 사람은 정도의 차이는 있지만 손위 남성을 어려워한다. 젊은 사람일수

067

록 이런 성격은 더욱 마이너스가 된다.

회사에서 나를 칭찬하거나 지도해 주는 사람이 바로 상사인데, 그 상사를 어려워한다면 상사도 그걸 고스란히 알게 되지 않을까? 그러면 업무가 잘 돌아가지 않거나 직장생활이 힘들어지고, 그 사이에 동료에게도 점점 뒤처지고 만다. 결국 제 목을 직접 조르는 셈이다.

내일도 회사에 갈 생각을 하면 우울하다

나는 종종 '먹고살려면 일을 해야 하지만 정말 일하기 싫다'는 고민을 듣는다. 이런 사람 중에는 '아버지도 일하는 게 힘들어 보였다'고 말하는 경우가 많다. 개중에는 '너희를 키운다고 내가 밤낮으로 일하고 있다', '이렇게 고생해서 키우고 있으니 고마워해라' 같은 식의 말을 계속 들어 온 사람도 있다.

이런 가정에서 자란 자녀가 일에 대해 긍정적으로 생각할 순 없을 것이다. 훗날 자녀가 직장인이 되었을 때는 '일은 마지못해 하는 것'이라는 인상이 깊이 자리 잡아서 실제로도 일을 그렇게 대한다.

'교류분석'이라는 성격 이론을 창안한 정신의학자 에릭 번Eric Berne은 "자식은 부모의 녹음기다"라는 말로 부모 자녀 관계를 표현했다. 그 정도로 부모에 대한 자녀의 인식이 자녀 인생 전반에 걸쳐 영향을 끼친다.

나는 별 볼 일 없는 사람인 것 같다

자기평가가 낮은 사람의 흔한 고민 중 하나다. 한 예로 일반적인 기준에서 보면 학습 능력이 나쁘지 않지만, 부모의 강요로 수준 높은 학교에 진학하면서 아무리 열심히 해도 성적이 중간에 머무는 학생들이 있다. 이런 학생들은 부모로부터 "성적이 왜 이렇게 낮니?"라고 야단맞기 일쑤다.

남들이 보기에는 충분한 능력을 갖춘 것 같은데도 자기 자신을 인정하지 못해 고민하는 사람도 많다. 이런 성향은 일할 때 잘 드러난다.

나 또한 스스로 별 볼 일 없다고 생각했고, 특히 사회생활을 하면서 소통이 막힐 때마다 무척 힘들었다. 영업

069

직이었기 때문에 의사소통이 생명인데, 아버지에게 좋은 감정이 없어서 그런지 나보다 나이 많은 고객을 편하게 대하지 못했다. 진심으로 대하면 고객도 나에게 그러했을 텐데, 당시에는 그런 줄도 모르고 고객과 대면하면 그저 위축되었다.

일에서 보람을 느끼지 못한다

엄한 아버지 밑에서 이런저런 제약을 받아 온 사람, 특히 아버지로부터 "좋아하는 일을 하면서 사는 사람이 몇이나 되겠냐?"라는 말을 들어 본 적 있는 사람에게서 흔히 나타나는 유형이다.

이런 사람들의 어릴 적 이야기를 들어 보면 아버지가 사사건건 참견해서 제대로 도전해 본 적이 거의 없다고 한다. 특히 자녀가 어른이 돼서 취업 활동을 할 때가 되면 아버지의 제약은 더 심해진다. 벤처기업에 취직하고 싶다는 말이라도 꺼내면 "그런 꿈같은 소리를 지껄이다니!"라며 난리가 난다. 아버지 머릿속에는 벤처기업에 대해 '젊은 놈이 겉멋만 들어서 하는 일'이라는 인식이 있기 때문이다.

그렇게 간섭만 받다 보면 자녀는 하고 싶은 일이 있어도 할 수 없을 것이라고 믿는다. 자신이 정말 하고 싶은 일을 스스로 부정하기도 한다. 이렇듯 나를 부정하는 마음이 깊이 자리 잡으면 지금 하고 있는 일도 비관적으로 생각하며 결국 보람을 느끼지 못한다.

업무 성과가 잘 오르지 않는다

일에서 성과를 내지 못하는 이유는 다양하다. 지금까지 설명한 대로 상사와 잘 맞지 않을 수도 있고, 일할 의욕이 없거나 보람을 느끼지 못할 수도 있다. 어쩌면 이런 이유들이 복합적으로 얽혀 있을 수도 있다.

일이나 돈에 대해 심리적 저항감이 있다면 당연히 성과를 낼 수 없다. 차를 운전할 때 사이드브레이크를 당긴 채로 액셀을 밟는다면 과연 전진할 수 있을까? 그것과 똑같은 상황이라고 보면 된다.

오래 연애하지 못한다

연애를 오래 이어 가지 못하는 사람은 특정 인간관계에 너무 집착한다는 특징이 있다. 자신이 원하는 방식으로 어머니가 사랑해 주지 않았다는 정서적 결핍이 있어서 그것을 연애 상대로 채우려 하기 때문이다.

연애를 비롯해 돈, 쇼핑 등 뭔가에 크게 의존하거나 병적으로 빠져드는 것은 어머니와의 관계가 문제일 때가 많다. 즉 어머니 때문에 상처받은 마음을 치유하고, 또는 그 상처와 마주하지 않으려는 것이다.

내 고객 중에는 애정 표현을 잘 해주지 않는 냉정한 어머니에게 질린 사람이 많다. 자녀에게 어머니는 어릴 때부터 접촉하는 기회가 가장 많아서 누구보다 신뢰하는 사람이다. 애정의 근간이 되는 사람에게 사랑받은 것 같지 않다면 연애와 같이 특별한 관계에서 상대방에게 집착하기 쉽다.

연애하는 게 힘들다

연애에 관심 없는 건 아니지만, 누군가와 깊은 관계를 맺는 것을 피하는 사람들이 있다.

이런 사람들은 아버지와 어머니의 사이가 그리 좋지 않아서 부부 싸움을 자주 봐온 경험이 있다. 예를 들어 아버지의 폭력에 시달리는 어머니를 보며 자랐거나 어머니의 아버지 험담을 계속 들어 온 경우다.

어느 40대 지인에게 들은 이야기다. 그 지인의 대학 시절 친구 중에는 온화하고 늘 웃으며 눈치가 빨라 여러 남성에게 인기가 많은 여성이 있었다고 한다. 이 여성의 이름을 미나 씨라고 치자.

하지만 미나 씨는 어떤 남자와도 연애를 하려고 하지 않았다. 지인은 미나 씨의 부모님 때문으로 짐작했다. 지인의 말에 따르면 미나 씨의 아버지와 외할아버지는 사회적 지위가 높은 직업을 가지고 있었다. 두 사람은 자존심이 세서 그런지 누가 잘났는지를 두고 늘 팽팽하게 대립했고 사이가 매우 나빴다.

미나 씨의 아버지는 화가 나면 아내에게 "당신이나 미나와 연을 끊는 한이 있어도 당신 아버지에게 무릎 꿇지 않을 거야!"라고 자주 소리쳤다고 한다. 지인은 남편과 아버지 사이에서 고생하는 어머니를 보고 자랐기 때문에 미나 씨가 연애를 회피하는 게 아닐까 생각했다.

사람들과 깊게 친해지지 못한다

상대에게 지나치게 의존하거나 서로의 영역을 침범하지 않으면서도 남들과 친밀하게 잘 지내는 사람들이 있다. 이런 사람과 함께 있으면 즐겁고 마음이 따뜻해지는 것 같다.

반대로 남들과 잘 지내지 못해 고민하는 사람도 많다. 많이 친해지면 의존하게 되어 괴로워하고, 거리를 두려고 하면 서먹서먹한 사이가 된다. 결국 나는 늘 혼자이고 외롭게 살아간다고 생각한다.

이러한 심리의 원인으로는 어머니에 대한 불신을 들 수 있다. '어머니가 나를 이해해 주지 않았다', '내가 원하는 대로 사랑해 주지 않았다', '칭찬해 줬으면 했는데 야단만 쳤다' 등등 이유는 다양하다. 이처럼 '나를 가장 사랑해 줘야 할 어머니가 나를 그렇게밖에 대하지 않았다'는 생각이 기본적으로 깔려 있다. 오랜 시간에 걸쳐 싹튼 불신은 뿌리 깊이 남아 어른이 되어서도 여러 상황에서 인간관계에 어두운 그림자를 드리운다.

51세 여성인 수미 씨는 낯을 가리고 남들과 터놓고 지내지 못한다. 자녀를 키우는 엄마들이 모임을 만들어 즐겁게 지내는 걸 보며 부러워할 뿐이다. 수미 씨의 어머니는 자녀인 수미 씨보다 자매와 잘 지내는 것이 먼저였다. '어머니는 나보다 이모들이 더 좋은가?'라는 생각이

들었을 정도였다. 그 때문에 수미 씨는 어릴 적에 늘 외로웠고, 애정을 충분히 받지 못했다고 느꼈다.

어머니와 친밀하게 지내지 못하면 남들과 어떻게 사귀는지 모른 채로 어른이 된다. 그리고 더욱 외로워질 수 있다. 수미 씨가 바로 이런 유형이었다.

남의 기대에 너무 맞추려 한다

굳이 해주지 않아도 되는데 마치 희생하듯 무리한 부탁을 들어주는 사람들이 있다. 이런 사람들은 남의 기대에 맞춰야 한다는 생각이 강하다. 나는 그런 사람을 볼 때마다 '어릴 때부터 엄마가 바라는 사람이 되려고 노력했겠지'라는 생각이 든다.

어머니의 기대대로 행동하면 야단맞지 않아도 되고, 어머니도 실망하지 않는다. 때로는 포상처럼 어머니에게 칭찬을 받기도 한다. 그러나 이게 습관이 되면 어른이 되어서도 누군가에게 부탁을 받았을 때 잘 거절하지 못한다. 나의 존재 가치를 '남들의 요구에 맞춰 주는 나'에서 찾았기 때문이다.

남들의 기대에 부응한다는 것은 상대방의 요구나 가치관에 나를 맞추려는 것이다. 내가 가진 능력이나 형편과 상관없이 상대방의 요구를 들어주기만 하면 타인 중심의 인생을 살게 된다.

36세 여성인 유미 씨도 그중 한 명이다. 유미 씨는 부탁을 받으면 싫다고 말하지 못하는 걸 넘어서서, 먼저 나서서 다른 사람의 일을 떠안을 때도 많았다. 그러다 보니 주변 사람들은 유미 씨에게 부담 없이 부탁을 하기 시작했다. 지친 유미 씨는 초등학생인 큰딸을 괜히 엄하게 대하기 시작했고, 불현듯 이러면 안 된다는 생각이 들어 나에게 상담을 받으러 왔다.

어린 시절 이야기를 들어 보니 내 예상대로 어머니가 하는 말이라면 다 듣는 착한 딸이었던 것 같다. 아버지와 어머니의 사이가 나빠서 어머니는 기분이 늘 언짢았고, 유미 씨는 어머니의 심기를 건드리고 싶지 않아 집안일을 먼저 나서서 했다고 한다. 즉 지금도 마음속에 어릴 적의 '치유받지 못한 아이(내면 아이)'가 있어서 어머니를 대하듯 주변 사람들의 요구를 모두 들어준 것이다.

나 자신을 좋아하지 못한다

의외로 많은 사람이 자기 자신을 사랑하지 못한다. 그래서 자기긍정감이 없다는 고민을 안고 있다.

'나는 왜 이렇게 하찮을까?'

'나는 내세울 게 아무것도 없어.'

'나는 무얼 해도 실패해.'

남들이 아무리 그렇지 않다고 말해 줘도, 이런 사람들은 '이렇게 쓸모없는 내가 너무 싫어'라는 생각에 사로잡혀 있기 때문에 남의 말이 귀에 들어오지 않는다. 어머니의 사랑을 별로 느끼지 못한 사람들에게서 흔히 볼 수 있는 모습이다.

많은 사람이 어머니란 자녀에게 끝없이 사랑을 베푸는 존재라고 생각한다. 그렇긴 하지만 어머니마다 애정을 표현하는 방식이 다양하다. 부끄러워서 말로 애정을 표현하지 않는 어머니도 있을 것이고, 시원시원한 성격이라 아이들이 이해하기 쉽게 표현하지 않는 어머니도 있을 것이다.

서로 다른 애정 표현 방식을 어머니의 사랑이 부족하

다고 받아들이면, 자신감이 부족한 채로 '나 따위가 그렇지 뭐'라는 식의 혐오감을 느끼게 된다.

남의 시선이 신경 쓰인다

남들이 나를 어떻게 보는지만 신경 쓰여서 마음이 힘들다는 상담을 받을 때가 있다. 이런 사람들은 자기평가가 낮고 자신감이 없다. 그래서 어떤 행동을 할 때마다 '혹시 내가 잘못하고 있나?', '남에게 민폐를 끼치고 있나?'라는 식으로 주저하고 '나만 겉돌고 있나?', '남들이 싫어하지 않을까?'라고 위축된다.

이 또한 어릴 때부터 어머니와의 관계가 큰 영향을 미친다. 어머니가 꼼꼼한 성격에다가 자녀의 잘못을 조목조목 지적하는 편이라면 자녀는 한껏 움츠러들고 눈치를 보게 된다. 즉 어머니가 나를 어떻게 생각하는지, 그리고 혹시 미움을 받을까 마음을 졸이는 것이다. 이런 사람들은 어른이 되어서도 어릴 적 사고방식에서 벗어나지 못해 항상 남이 나를 어떻게 생각할까 전전긍긍한다.

행복하냐는 질문에 선뜻 대답하지 못한다

일도 하고, 가족이나 친구도 있다. 돈이 많진 않지만 사는 데 큰 지장은 없다. 다시 말해 남들이 보기에는 무엇 하나 부족한 게 없는 것 같다. 그럼에도 누군가 "행복한가요?"라고 물으면 선뜻 "네!"라고 대답하지 못하는 사람이 많다. 이는 내가 가진 것보다 나에게 부족한 것을 먼저 떠올리는 습관 때문이다.

대개 이런 사람들은 어머니에게 무조건적인 사랑을 받았다고 확신하지 못한다. 즉 마음속 어딘가에 '내가 이래서 엄마 아빠에게 사랑을 충분히 받지 못했다'는 생각이 자리 잡고 있다. 그래서 '이런저런 이유로 아직 행복하지 않다'와 같이 행복에 자꾸 조건을 단다.

어쩌면 이런 사람들의 어머니도 자신의 인생을 행복하지 않다고 생각했을 수 있다. 앞서 말한 대로 자녀에게 어머니란 오랜 시간 접하는 상대이자 인생의 첫 롤 모델이다. 어머니가 행복하고 생기 있게 사는 모습을 보여 주지 않으면 자녀도 행복한 인생을 그릴 수 없다.

지금 생활에 괜한 불안을 느낀다

행복하냐는 질문에 선뜻 대답하지 못하는 것보다 더 큰 문제는 현재 생활에 불안감을 느끼는 것이다. 이런 사람에게는 문제가 꼬리에 꼬리를 물고 이어진다. 예를 들어 어떤 사람과의 문제를 해결했다 싶으면 업무 문제가 뒤따르고, 업무 문제를 해결했다 싶으면 이번엔 돈 문제가 발생하는 식이다.

왜 그러냐면 그 사람이 평소에 문제에 집중하고 있기 때문이다. 즉 문제의 씨앗을 스스로 찾아다니는 것이다. 그렇게 '저것도 아직 안 됐네', '이것도 아직인데' 하며 여기저기 신경 쓰다 보면 점점 지치게 되고, 결국 '왜 이렇게 마음이 늘 불편하지?'라고 불만이 생긴다.

이런 성향도 어머니의 영향 때문이다. 꼼꼼한 성격이라 사소한 일에도 자녀를 호되게 혼내는 어머니, 또는 걱정이 많아 모든 일을 미리 대비해야 마음이 놓이는 어머니를 두었다면 자녀도 그와 비슷한 성향을 보일 수 있다.

평소에 자주 짜증이 난다

가까운 사람이나 가까이에서 벌어지는 일은 물론, 본인과 상관없는 일에도 짜증을 내거나 화를 참지 못하는 사람이 있다. 특히 SNS의 등장으로 누구나 의견을 자유롭게 펼칠 수 있게 되면서 이런 사람들이 최근에 더욱 늘어났는데, 그중에는 사이버 폭력을 휘두르는 경우도 있다.

남의 잘못을 시시콜콜 지적하거나, 잘나가는 사람을 거세게 비판하는 사람들은 왜 그러는 걸까? 이런 사람들은 살면서 어떤 이득도 얻지 못한 채 늘 손해만 봤다고 생각한다. 다시 말해 어머니에게 사랑을 충분히 받지 못한 것을 손해 본 것으로 여기고, 인생이 잘 풀리는 듯한 사람을 보면 괜히 화가 나 SNS에 이를 표출하는 것이다.

'나는 운이 나쁘다'고 생각하는 사람일수록 남들이 뭔가 해냈을 때 '쳇! 잘났네!' 하며 삐딱하게 바라본다. 당연히 남들도 나름대로 말 못할 고민을 안고 있을 것이다. 그러나 운이 없다고 생각하는 사람은 남들의 겉모습만 보고 그저 못마땅해서 마음속에 분노를 키워 나간다.

내 미래가 밝지 않을 것 같다

'우리 집은 별 볼 일 없으니까.'

'너는 천재도 아니잖니.'

'아버지도 몇 년 뒤면 환갑이라….'

이와 같이 어머니가 하는 말은 자녀 머릿속에 그대로 입력되고, 자녀가 자신의 인생은 별 볼 일 없다고 여기게 만든다. 즉 어머니가 가정과 가족을 어떻게 평가하느냐에 따라 자녀가 자신의 가능성을 얼마나 믿는지도 결정된다.

어머니가 무심코 던진 말 한마디가 자녀의 가능성을 막는 일은 흔히 일어난다. 특히 고루한 가치관을 가진 부모 중에는 '사는 게 만만치 않으니 내 아이는 현실을 제대로 봤으면 좋겠다'는 생각에 방금 예로 든 것처럼 자녀의 꿈을 꺾는 말을 종종 내뱉는다.

당연히 인생에 즐거운 일만 있을 순 없고, 현실을 제대로 파악해야 성공할 수 있다. 그렇지만 미래에 희망을 품는 건 나쁜 일이 아니다. '미래는 밝지 않다'는 전제로 살아가는 부모의 가치관을 그대로 물려받으면, 자녀의

083

인생에도 우울한 일만 일어난다.

이처럼 이 장에서는 부모에게 받은 부정적인 영향을 자세하게 살펴보았다. 쉽게 이해할 수 있도록 '아버지와의 관계→일이나 돈에 관한 영향', '어머니와의 관계→의사소통이나 애정 표현에 관한 영향'이라는 형태로 설명했다. 하지만 사람은 누구나 남성성과 여성성을 다 가지고 있으므로 여기에 해당하지 않을 수도 있다. 그저 이 내용을 참고하여 부모와의 관계를 되돌아보고, 때에 따라 아버지와 어머니를 바꿔서 생각하면 된다.

다음 장에서는 부모 자녀 관계가 원만치 않은 이유를 생각해 보고, 부모로부터 진정한 의미로 독립하면 어떤 장점이 있는지 알아보겠다. 마지막으로 앞서 살펴본 남성성과 여성성 관련 항목을 정리해 보자.

남성성 관련 항목

☐ 돈 때문에 늘 불안하다.

☐ 잘살고 있는 것 같지 않다.

☐ 돈을 잘 모으지 못한다.

☐ 돈 핑계를 대며 도전하지 않는다.

☐ 돈을 잘 관리하지 못한다.

☐ 상사와 잘 지내지 못한다.

☐ 내일도 회사에 갈 생각을 하면 우울하다.

☐ 나는 별 볼 일 없는 사람인 것 같다.

☐ 일에서 보람을 느끼지 못한다.

☐ 업무 성과가 잘 오르지 않는다.

여성성 관련 항목

☐ 오래 연애하지 못한다.

☐ 연애하는 게 힘들다.

☐ 사람들과 깊게 친해지지 못한다.

☐ 남의 기대에 너무 맞추려 한다.

☐ 나 자신을 좋아하지 못한다.

☐ 남의 시선이 신경 쓰인다.

☐ 행복하냐는 질문에 선뜻 대답하지 못한다.

☐ 지금 생활에 괜한 불안을 느낀다.

☐ 평소에 자주 짜증이 난다.

☐ 내 미래가 밝지 않을 것 같다.

제3장

부모를
미워해도
괜찮은 이유

If you are unhappy
with your parents

부모가
꼰대가 된 이유

앞서 말한 대로 우리는 무의식중에 부모로부터 큰 영향을 받는다. 특히 동아시아에 사는 사람들이 더욱 그런 것 같다.

중고등학교 때 유교에 대해 배웠을 것이다. 유교는 중국 춘추시대에 노나라의 공자가 내세운 학설을 바탕으로 유가에 속한 유학자들이 만든 학문이다. 이후 중국에서 성행했다가 한국과 일본 등에 전해지며 큰 영향을 미쳤다. 유교에는 군신의 도리, 장유유서, 효도와 같은 개념 외에도 지금은 구시대 유물이 된 남존여비 사상 등이 있다.

우리가 유교의 영향력 아래에 있음을 깨달으면 가족 문제, 특히 부모 자녀 사이에서 받아들이기 힘든 점을 이해할 수 있다. 또한 부모 세대가 구태의연한 가치관을 지금껏 갖고 있는 이유도 자연스레 알게 된다.

동아시아의 여러 나라에는 아직도 '자녀가 부모를 돌봐야 한다'는 사고방식이 남아 있다. 반면에 서양에서는 그런 사고방식을 가지고 있는 사람을 거의 찾아볼 수 없다. 동아시아의 이러한 사고방식은 호주제의 영향으로 더욱 고착된 것으로 보인다.

호주제란 호주를 가장으로 세워 가족 구성원의 신분 변동을 기록하는 제도로, 호주는 주로 장남이 물려받았다. 법률로 가족 형태를 구체적으로 규정했다니 그저 놀랍기만 하다. 지금도 장남을 특별하게 생각하는 이유가 여기서 왔다고 생각하니 나름 이해가 간다.

우리 부모들은 이런 구시대 유물을 고스란히 물려받은 세대다. 다시 말해 부모 역시 그들의 부모로부터 구태

의연한 사고방식을 강요받았을 수 있다. 예를 들어 '너는 가문을 물려받을 장남이다'라든지 '이 집은 딸만 있어서 대를 이을 자식이 없다'는 식이다.

부모의 부모 세대면 그야말로 호주제가 확고한 시대에 살았을 테니 우리보다 훨씬 제약도 많았을 것이다. 그 밑에서 자란 우리 부모들은 자신의 부모와 개인 대 개인으로서 마주한 적이 거의 없었을 테니 자녀를 어떻게 대해야 할지 잘 몰랐을 수도 있다.

서로 다른 곳에
찍힌 좌표

흔히 요즘 젊은 세대를 'Z세대'라고 부른다. Z세대는 1990년대 중반에서 2000년대 초반에 태어난 사람들로, 태어났을 때부터 인터넷이 보급되어 있던 '디지털 네이티브(디지털 원주민)' 세대다.

나는 이렇듯 '세대'를 표현하는 말을 접할 때마다 우리 부모는 '야구 세대'고, 나는 '축구 세대'라는 생각이 떠오르곤 한다. 내 부모님이 어렸을 때는 야구가 압도적인 인기였지만, 내가 어렸을 때는 야구보다 축구가 훨씬 더 인기가 많았다. 당연히 야구와 축구 중 뭐가 낫다고 할 수 없다. 각자의 매력이 있고 규칙도 전혀 다르니까. 아무튼 부모와 자녀 사이는 이렇듯 야구나 축구와 같지 않을까 싶다.

　부모에게 스포츠 하면 뭐니 뭐니 해도 야구다. 그것이 그들의 가치관이다. 부모들은 당시 주류를 이루던 가치관을 그대로 가지고 있으면서 자녀도 당연히 같은 마음일 거라고 생각한다. 하지만 자녀 세대는 정작 "아니지! 이제 야구 시대는 끝났어!", "지금 인기 있는 스포츠는 축구야!"라고 말할 것이다. 더 나아가 '요즘은 축구가 인기인데 왜 자꾸 야구가 최고라고 말하지? 왜 축구를 좋아하는 내 마음은 알아주지 않지?'라고 생각할 수도 있다.

　자녀가 축구를 하려는데 부모가 헬멧을 쓰고 방망이로 공을 치라고 말하면 어떨까? 이처럼 부모의 가치관을 자녀에게 강요하는 것은 자녀가 하려는 스포츠와 상관없는 규칙을 억지로 가르치는 것과 같다.

부모는
옛날 사람이다

부모가 있어서 지금 나라는 인간이 존재한다는 건 틀림 없는 사실이다. 부모에게 유전자를 물려받아서 그런지, 우리는 부모와의 일을 자기 입장에서 받아들인다. 그 결과 부모가 나를 이해해 주지 않는다는 불만이 생겨난다.

좀 더 넓은 시야로 살펴보자. 예를 들어 나의 아버지는 1964년 도쿄올림픽의 흥분을 기억하는 세대다. 따라서 도쿄올림픽이라는 말을 들으면 그때의 열기를 떠올릴 것이다. 반면에 나는 도쿄올림픽이라는 말을 들으면

2021년 코로나19 때문에 비판 속에 강행된 관객 없는 올림픽이 떠오른다. 이처럼 부모는 나와 나고 자란 시대도 다르고 겪은 사건도 다르다. 따라서 어떤 대상에 대한 시각이나 가치관도 다를 수밖에 없다.

이처럼 부모와 자녀는 세대가 다른 만큼 서로 이해하지 못하는 부분이 있을 수밖에 없다. 이를 알아주지 않는다고 서로를 비난하는 건 다른 스포츠를 하면서 누가 더 나은지 겨루는 것과 같다.

부모는 나와 한 세대밖에 차이 나지 않는데 왜 서로 이해하지 못하는지 속상할 수도 있다. 차라리 부모는 '먼 옛날 사람'이라고 생각하자. 당연히 먼 옛날 사람과 현대를 사는 나의 생각은 다르지 않을까?

태어나고 싶어서
태어나지 않았겠지만

부모가 자녀에게 '이렇게 해야지' 하고 강요하듯, 자녀도 부모에게 무리한 요구를 하고 있지 않은가? 다시 말해 부모가 '자녀가 부모 말을 듣는 건 당연하다'고 생각하는 것처럼, 자녀도 '부모가 날 키우는 건 당연하지', '학교에 갈 돈은 당연히 내줘야지'라고 생각한다.

나도 그렇지만 많은 자녀가 부모가 해주는 것을 당연하게 여긴다. 하지만 달리 보면 부모는 정말 대단하다. 자녀의 흔한 생각대로 '내가 태어나고 싶어서 태어났나', '부모가 마음대로 낳았으니 당연히 돌봐 줘야지'라는 말이 틀린 건 아니지만, 자녀 하나를 키우는 데 엄청난 시간과 돈이 든다.

갓난아기는 하루 24시간 누군가의 손을 빌려야만 살아갈 수 있다. 영양 섭취, 배설, 체온 관리 모두 부모에게 달렸다. 아기가 태어나고 몇 년 동안 부모는 아기에게 한시도 눈을 뗄 수 없다. 그러나 우리는 부모에게 신세 졌던 시절을 전혀 기억하지 못한다. 오히려 좀 더 크면 부모가 해준 것보다 해주지 못했던 것만 기억한다.

나를 비롯해서 자녀들은 왜 부모에게 피해망상이 있을까? 왜 부모가 해주지 못하고 내 마음을 헤아려 주지 않은 것에만 연연할까? 그 이유는 '나는 자식이니까 해주는 게 당연하지'라는 마음이 바탕에 깔려 있기 때문이다.

'부모니까 자식인 내 마음을 알아줘야지.'

'내가 원하는 대로 사랑해 줘야지.'

'자식이 바라는 대로 해줘야지'

이런 생각이 든다면 자기밖에 모르는 욕심쟁이가 아니고 무엇일까? 내가 원하는 것을 들어주지 않는 부모는 최악이고, 나는 운이 나빠서 '부모 뽑기에서 꽝을 뽑았다'는 사고방식이다. 앞에서 설명한 대로 부모 뽑기란 장난감이 든 캡슐을 뽑는 것처럼 부모에게도 당첨과 꽝이 있고, 그에 따라 자녀의 인생이 결정된다는 뜻이다. 주로 부정적인 의미로 쓰인다.

그러나 객관적으로 보면 자녀도 부모와 별다를 게 없다. 부모가 나에게 요구하는 것 이상으로 부모에게 바라고, 그대로 되지 않으면 가슴에 꽁하니 담아 두기 때문이다.

자녀보다 몇십 년 먼저 태어났다고는 하지만 부모의 경험에는 한계가 있다. 훌륭한 인격을 갖추는 교육을 받은 것도 아니다. 우리와 마찬가지로 돈, 일, 인간관계, 연애 문제로 고민하던 사람이 또 다른 사람을 만나 자식을 낳고 어쩌다 보니 부모가 된 것뿐이다.

다음 문장을 꼭 기억하기 바란다. 부모는 인생의 전문가가 아니다. 여러분과 마찬가지로 매일 고민하고 상처받고 방황하는 한 인간일 뿐이다.

모두 알고 있을 거라는
착각

부모에 대해 편견을 가진 사람이 많다. 부모가 원망스러웠던 일을 계기로 '엄마 아빠는 이런 사람'이라고 단정 짓는 것이다. 형제끼리도 부모에 대한 인상이 서로 다르고 상처받는 점도 다르다. 사람은 자기가 보고 싶은 대로 상대방을 보기 때문이다.

얼마 전에 매우 흥미로운 이야기를 들었다. 세 자매 중 장녀로 부모를 모두 여읜 56세 요코 씨 이야기다. 요코 씨는 어머니와 사이가 별로 좋지 않았고, 그래서 어머니와 잘 지내던 첫째 동생을 내심 부러워했다.

평소 기모노를 맞추는 것을 좋아했던 어머니는 요코 씨가 결혼할 때 두 동생도 입을 수 있다며 따로 새 기모노를 맞춰 주었다고 한다. 하지만 요코 씨는 기쁘기는커녕 피로연 때 드레스를 입지 못하게 되어 속상했다. 그때부터 어머니가 쓸데없는 일을 해서 원하는 대로 결혼식을 올리지 못하게 되었다고 생각해 왔다.

그러다 몇십 년 후에 요코 씨는 첫째 동생의 말을 듣고 깜짝 놀랐다. "엄마가 언니에게는 결혼식 때 기모노를 새로 맞춰 줬잖아. 내가 그 얘기를 듣고 얼마나 울었는데. 왜 맨날 언니에게만 잘해 주냐고."

요코 씨는 바로 반박했다. "그게 무슨 말이야? 난 그 기모노가 기쁘기는커녕 민폐였어. 엄마가 괜한 일을 해서 얼마나 속상했는데. 게다가 그 기모노는 내 게 아니라, 우리 세 자매 것이었잖아."

두 사람은 그제야 어머니는 다른 자매만 예뻐한다는 오해 속에 서로 질투해 왔음을 깨달았다고 한다.

이처럼 형제가 있다면 부모가 나보다 다른 형제를 사

랑한다는 걸 느꼈을 때 마음에 깊은 상처를 받는다. 큰아
이라면 '부모님은 나에겐 엄했지만 동생들에게는 관대
했다', '네가 첫째니까 말을 잘 들으라고 강요했다'는 식
으로 불만을 품는다. 한편 중간에 낀 아이는 '위는 첫째
라고 환영받고 아래는 막내라고 귀여워하고, 나는 중간
에 껴서 관심을 못 받네'라고 생각한다. 막내는 막내대로
'자식이 이미 있어서 그런지 내 사진만 별로 없네'라며 불
만을 자주 토로한다.

이처럼 어느 쪽이든 나만 사랑받지 못하고 손해만 본
다고 생각한다. 하지만 그 또한 착각에 불과할 가능성이
매우 높다. 사람의 견해는 단편적이다. 따라서 내가 생각
하는 부모의 모습이 진짜 모습이 아닐 수도 있다.

싫다면서도 왜 부모 곁을
떠나지 못할까?

가난하고 여유가 없는 시대에 아이들은 좋든 싫든 서둘러 자립해서 어른이 되어야 했다. 하지만 요즘에는 정규직 채용의 문턱이 높아서 비정규직으로 일하거나 연봉을 올리지 못한 채로 일하는 청년들이 많다. 그래서 나이를 먹었어도 자신보다 돈이 더 많은 부모에게 의지하는 자녀들이 늘고 있다. 한편 돈 문제뿐만 아니라 심리적으로도 부모 곁을 떠나지 못하는 자녀도 많다.

102

40대 후반의 여성 에리 씨는 아버지가 돌아가시고 어

제3장
**부모를
미워해도
괜찮은 이유**

머니 혼자 사시게 되자 형제들과 의논하여 자신이 어머니를 모시기로 했다. 에리 씨는 그렇게 하는 게 어머니에게 좋을 거라고 믿고 아파트까지 장만했다고 한다.

그러나 정작 함께 살기 시작하니 사소한 일로 사사건건 부딪쳤다. 에리 씨는 어머니가 자신에게 고마워하는 것 같지 않아 화가 났다. 어머니와 함께 살기 위해 편리한 도시를 떠나 일부러 교외에 아파트를 마련하고 멀리 출퇴근하는 불편도 떠안고 있었기 때문이다. 에리 씨의 어머니는 고맙다는 말은커녕 오히려 "이런 변두리로 날 데려오다니"와 같은 말을 서슴지 않았다고 한다.

에리 씨는 점점 스트레스가 쌓여 어머니와 얼굴을 마주하는 것도 견딜 수 없었다. 그래서 어렵사리 어머니에게 다시 따로 살자고 제안했더니 어머니는 실망하기는커녕 기뻐하며 속마음을 털어놓았다. "사실 너랑 같이 살면서 오랫동안 사이좋게 지낸 친구와 떨어지는 게 너무 힘들었어."

이 일을 계기로 에리 씨는 부모에게는 부모만의 인간관계가 있고, 그걸 매우 소중하게 여긴다는 사실을 깨달았다. 에리 씨는 나에게 "연로한 부모님과 함께 사는 게

103

가장 큰 효도라는 건 나의 착각이었어요"라고 말했다.

한편 30대 기혼 여성인 미에 씨에게 뜻밖의 이야기를 들었다. 미에 씨는 2019년에 아들을 출산했다. 친정과 시댁 모두 반갑기 그지없는 첫 손주였다.

특히 자녀를 다섯이나 낳아 기른 미에 씨의 어머니는 평소에 아기를 무척 예뻐했다. 미에 씨의 형제들은 어머니를 잘 따르며, 지금도 집에 모두 모이면 어머니 곁에서 서로 자려고 한다.

그렇게 자상한 어머니가 손주를 무척 기대했기 때문에 미에 씨는 친정 근처에서 출산했다. 그리고 자기 집에 돌아갈 때 어머니가 함께 와서 한동안 육아를 도와줄 거라고 기대했다. 하지만 어머니는 상상 이상으로 냉담했다. "넌 옛날부터 앞가림을 잘했으니까 혼자서도 잘할 수 있지? 힘내!"라고 말하며 시원하게 배웅하더니 딱히 용건이 없으면 연락하지 않았다고 한다.

이처럼 기혼 자녀들은 '부모는 손주 얼굴을 보고 싶어 하니 손주를 맡기는 게 효도'라고 생각하기 쉽지만, 이 또한 역시 착각에 지나지 않는다.

부모는 고맙다고
말하지 않는다

만약 부모를 도저히 용서할 수 없고, 어떻게 해서든 부모가 사과해야 화가 풀릴 만한 일이 있었다고 치자.

그래서 마음을 크게 먹고 이렇게 털어놓는다고 해보자. "엄마(또는 아빠)에게 그런 말을 들었을 때, 내가 얼마나 상처받았는지 아세요? 그 상처를 계속 끌어안고 살아왔어요. 지금이라도 사과해 주면 좋겠어요." 하지만 이렇게 말해도 아무것도 해결되지 않는다.

부모에게 과거의 일을 다시 들춰내며 사과하라고 따지면, 부모는 틀림없이 "새삼스럽게 무슨 소리를 하니?"

라는 말로 자녀의 화를 점점 더 돋울 것이다.

나에게도 이런 경험이 있었다. 심리학을 배우기 시작하면서 마음속의 치유되지 않는 나, 즉 내면 아이를 치유하는 단계를 거칠 때였다. 부모에 대한 원망을 써내는 '불행 일기'를 진행하다가 문득 아버지에게 내 속마음을 털어놓고 싶었다(불행 일기는 다음 장에서 소개하겠다).

그래서 아버지에게 과감히 이야기했다. 기억하기로는 '아버지가 어릴 때부터 나를 무척 억압했고', '그 때문에 내가 상처를 많이 받았으며', '지금도 그때 일이 떠오르면 너무 괴롭고', '아버지 때문에 오랫동안 나답게 살지 못했다' 같은 내용이었다.

하지만 아버지의 반응은 냉담했다. "새삼스럽게 무슨 소리를 하는 거야?"라는 말 한마디뿐이었다. 아버지 입장에서는 내가 잘되길 바라는 마음에 했던 일이기 때문에 '뭐가 불만인데?', '느닷없이 그때 일을 들춰내서 어쩌자는 거야?'라고 느낄 것이다.

이때 일을 통해 나는 부모에게 분노를 표출한다고 해서 내 상처가 반드시 치유되는 건 아니라는 사실을 깨달았다. 오히려 '부모는 나쁜 사람, 나는 좋은 사람'이라는 식의 흑백논리만 남아서 '내가 옳았다'는 독선적인 생각이 강화되었다. 만약 아버지가 억지로 잘못을 인정했더라도 내 마음은 풀리지 않았을 수도 있다.

52세의 리에 씨도 나와 같은 일을 겪은 적이 있었다. 외동딸인 그녀는 어머니의 간섭을 많이 받아 왔는데, 특히 연애 문제에 관해서는 유독 잔소리가 심했다고 한다. 아직 휴대전화가 없던 시절에 남자가 집에 전화를 걸기라도 하면 어머니는 그 남자에 대해 꼬치꼬치 캐묻더니 "그런 남자와 사귀면 안 돼!"라고 말렸다.

리에 씨는 뭔가 이상하다고 느끼면서도 어머니의 말에 따르며 살았다. 그러다 마흔이 지난 어느 날 어머니에게 뜻밖의 말을 들었다. "네가 결혼을 못해서 내가 손주 얼굴도 못 보고 살잖니."

그녀는 결국 참아 왔던 분노를 터트리고 말았다. "엄마 말대로 아무 하고도 안 사귀었잖아. 근데 이제 와서 왜 그런 말을 해!"라고 쏟아내며 울부짖었다. 하지만 어머니는 그런 딸을 보고도 "어머, 내가 그랬니? 난 기억

107

도 안 나는데"라며 모른다고 잡아뗐다. 왜 내 탓을 하냐

는 듯한 어머니의 태도에 리에 씨는 더욱 상처를 받았다

고 한다.

그래서 부모 탈출이
더욱 필요하다

이제 와서 부모의 사과를 받는다고 마음이 풀릴까? 아마
그러지 못할 것이다. 더구나 시간을 되돌려 상처받기 전
으로 돌아갈 수도 없다.

그렇다면 부모에게 상처받은 마음을 치유하고, 부모
장벽을 무너뜨리려면 어떻게 해야 할까? 또한 나의 가치
관에 따라 나답게 살아가려면 어떤 방법이 필요할까? 정
답은 바로 '부모 탈출 워크'다.

이 책의 주제이기도 한 부모 탈출 워크는 실제로 내

가 실천해 보니 정말 효과적이었다. 우선 부모 탈출에 대해 생각해 보자.

부모 탈출이라는 말은 매우 자극적으로 들린다. 하지만 '부모에 대한 선입견을 버리고, 부모를 있는 그대로 보자'는 단순한 내용이다. 여러분이 상처받았다고 느낀 일은 여러분 입장에서 귀결된 결과에 지나지 않는다. 모든 일에는 전후 사정이 있다. 그러니 여러분은 어떤 일로 부모에게 상처를 받았지만, 한편으론 그 일로 분명 이득도 얻었을 것이다.

아무리 그렇다고 해도 그걸 바로 인정하긴 어렵다. 많은 사람이 이 말을 듣고도 아직까진 '그렇게 나쁜 일이었는데, 거기서 얻은 게 있을 리가 없어'라고 생각할 것이다. 하지만 그 나쁜 일을 객관적으로 다시 보게 되면 '아, 그러고 보니 그 일 때문에 다른 게 가능했구나'라는 식으로 생각이 바뀌리라 믿는다.

내가 모르고 있던
부모의 얼굴

나 같은 경우에는 아버지가 친구처럼 나와 편하게 놀아 주지 않는 게 무척 서운했다. 내 아버지는 성실한 직장인이라서 평일에는 일만 했다. 하지만 휴일에는 나에게 공부하라고만 하고 영어나 축구를 시키는 등, 독재자처럼 군림했다.

가끔 내가 다정하게 다가가기라도 하면 아버지는 불같이 화를 내며 "부모에게 그게 무슨 버르장머리야?"라는 식으로 반응했다. 나는 그런 아버지가 너무나 불편하고 성가셨다.

그러나 부모 탈출 워크를 시작하자, 고집 세고 엄하며 고리타분하던 아버지의 전혀 다른 얼굴이 보이기 시작했다.

1950년대 중반에 유복자로 태어난 내 아버지는 외갓집에서 외할머니 형제들(아버지 입장에서는 외숙모와 외삼촌) 밑에서 자랐다. 나중에 외할머니가 재혼할 때까지 외삼촌 집에서 매우 쓸쓸하게 보냈다고 한다. 즉 아버지는 어린 시절에 자신의 아버지와 교류한 적이 없었다. 그렇게 아버지 없이 한동안 지내다가, 이후 새아버지와 생활하게 되었다. 엎친 데 덮친 격으로 집안 살림도 어려웠다고 한다.

다만 아버지는 명석했고 끈기도 남달랐다. 그래서 대학 진학률이 그리 높지 않은 시절에 대학교에 진학해 우수한 성적으로 장학금을 받으며 학교를 다녔다. 대학 졸업 후에는 일류 기업에 취직했다. 분명 아버지에게는 대단한 성공담이었을 것이다.

부모 탈출 워크에서 아버지를 조금씩 객관적으로 바라보자, 아버지의 인생과 아버지가 내게 보인 태도가 펴

즐을 끼워 맞추듯 딱 들어맞았다.

아마도 아버지는 어렸을 때 자신의 아버지로부터 받고 싶었던 것을 나에게 모두 해주려고 했던 것 같다. 어릴 적에 나는 아버지와 같이 놀고 싶었지만, 아버진 그러지 않았다. 학창 시절 힘들게 공부한 아버지에게는 자식에게 좋은 교육 환경을 마련해 주는 게 최선의 애정 표현이었을 것이다. 즉 교육의 중요성을 몸소 느껴 온 만큼 자식에게 가장 좋은 교육을 받게 해서 훗날 자식이 어른이 되었을 때 고생하지 않길 바랐던 것 같다.

또한 그동안 아버지가 나를 데리고 어디를 잘 가지 않았다고 생각해 왔는데, 돌이켜 보니 싱가포르에 살 때는 옆 나라에 자주 데리고 가주었다. 나는 놀이동산이나 게임센터에서 아버지와 함께 신나게 놀고 싶었지만, 아버지는 생각이 달랐다. 그래서 태국이나 말레이시아 등 주변 나라의 유명 박물관, 유적지, 건축물 등을 방문하여 견문을 쌓도록 했다.

생각해 보면 아버지는 역사적인 순간을 함께하고 싶은 마음이 유난히 강했던 것 같다. 지금도 또렷하게 기억

113

하는 일 중 하나가 1997년 11월에 말레이시아 조호르바루에서 펼쳐진 일본 대 이란의 축구 경기다. 이날 일본이 승리하면서 사상 처음으로 월드컵 출전 티켓을 얻었는데, 그 경기장에 내가 있었던 것이다.

이후로도 아버지는 생색을 내듯 "그런 역사적인 순간에 있었던 경험은 어른이 되어서도 큰 자산이 될 거야!"라고 종종 말했다. 당시엔 초등학생이라 그 의미를 잘 몰랐지만 어른이 된 지금은 아버지 덕분에 굉장한 장면을 직접 본 것 같아 한편으론 고마운 마음이 든다.

나쁜 생각의
베일을 벗기면

제3장
**부모를
미워해도
괜찮은 이유**

부모 탈출 워크를 어느 정도 진행하자 그토록 싫었던 아버지에게 좋은 영향도 많이 받았다는 걸 깨닫기 시작했다.

나의 경우에는 영어 실력이었다. 어릴 적 싱가포르에 살 때 아버지는 영어 공부를 확실히 시켰다. 일상 회화 수준이 아니라 영문법부터 기초를 다지게 했다. 당시 어린아이였던 나는 무척 힘들었지만, 지나고 보니 영어 기초를 확실히 익힌 게 살면서 많은 도움이 되었다.

해외에서 살다가 귀국한 아이들 중에 영어 회화는 능숙해도 영문법은 잘 모르는 사람이 꽤 많다. 그런 사람은

115

아무리 영어를 잘해도 취업이 잘 되지 않는다. 그러나 나는 아버지의 엄격한 가르침 덕분에 고등학교와 대학교 내내 영어 교사 아르바이트를 할 수 있었다. 시간 대비 시급이 높아서 돈을 꽤 쏠쏠하게 벌었다.

또한 어릴 적에 나는 거의 강제적으로 축구를 해야 했다. 축구는 좋았지만 경쟁하고 싶진 않아서 시합에 나가는 게 너무 싫었다. 그런데 아버지는 웬일인지 축구 시합을 하는 날이면 꼭 찾아왔다. 마지못해 축구 시합에 나가서 실수라도 하면 나중에 크게 혼났다. 내 머릿속엔 '축구를 왜 해야 하지?'라는 의문만 들었다.

하지만 그 덕분에 어릴 때부터 운동하는 습관이 몸에 뱄다. 몸과 마음은 밀접하게 연결되어 있어서 둘의 균형을 잘 맞춰야 한다. 나는 일을 할 때 컴퓨터 하나만 있으면 돼서 운동 습관이 없었다면 온종일 몸을 전혀 움직이지 않았을 수도 있다. 하지만 어릴 적부터 지금까지 몸을 단련해 버릇해서 몸과 마음의 균형을 맞출 수 있었고 업무 능률도 좋아졌다. 정말 감사할 만한 일이다.

마지막으로 글쓰기 습관이 있다. 신문사에서 근무한 아버지는 나에게 계속 뭔가를 읽고 쓰게 했다. 심지어는 신문까지 만들어야 했다.

나는 초등학교 3학년 때 아버지의 전근으로 싱가포르로 이주했다. 그런데 아버지는 일본에서 같은 반이던 아이들에게 싱가포르에서의 생활을 신문처럼 만들어 보내라고 했다. 대체 왜 그래야 하는지 몰랐지만, 싫다고 해도 그냥 넘어가지 않을 게 불 보듯 뻔해서 어쩔 수 없이 계속 만들어 보냈다.

그때는 벌을 받는 것 같은 마음이었지만 지금은 꽤 도움이 되고 있다. 아마 아버지는 내가 주변 상황을 정리하고 그걸 문장으로 만드는 힘을 길렀으면 했을 것이다. 지금 내가 하고 있는 일이 바로 그거다.

상처에 붙들리면
행복은 보이지 않는다

앞서 나는 부모 탈출 워크를 하면서 부모에게 많은 것을 받았다는 사실을 깨달았다고 말했다. 하지만 이를 애써 '내 엄마 아빠는 좋은 부모였다'고 해석하지 않아도 된다. 그동안 있었던 일들을 떠올리다 보면 자연스레 나의 착각이 사라지고 객관적으로 그 일을 판단하게 되기 때문이다.

부모 탈출 워크의 좋은 점은 부모와 직접 대치하지 않아도 된다는 것이다. 만약 부모와 직접 대면해서 해결

해야 했다면, 내가 아버지에게 사과를 받으려다 실패했듯 부모와 오히려 더 어색해졌을 것이다. 또한 부모가 이미 세상을 떠났다면 더는 부모와 만날 수 없으니 자녀는 평생 치유되지 않는 상처를 끌어안고 살아야 한다.

부모 탈출 워크는 부모가 나를 이해하도록 만들거나, 부모의 마음을 돌리게 하여 관계를 개선하려는 방법이 아니다. 자녀 스스로 부모를 객관적으로 바라봄으로써 어릴 때부터 안고 있던 부모에 대한 응어리와 분노를 자연스럽게 풀어내도록 한다. 이처럼 부모 탈출 워크는 부모에 대한 감정을 내 마음속에서 매듭짓는다는 것이 큰 장점이다.

앞서 일이나 돈 문제는 내면의 남성성이 담당한다고 말한 바 있다. 아버지로부터 마음에 큰 상처를 받았다면 일이나 돈과 관련해서 문제가 발생하기 쉽다.

나 역시 그랬다. 아버지에 대한 응어리를 가슴에 담고 있으니 무슨 일을 해도 잘 되지 않았다. 앞서 말한 대로 일을 성공시키려면 무얼 해야 할지 머리로는 알고 있어도 몸이 따라 주지 않았다. 열정이 없었다는 표현이 맞을

것이다. 가끔 집중할 때도 있었지만 금세 흐트러지곤 했
으니까.

그러나 부모 탈출 워크를 통해 아버지에게 받았다고
믿고 있던 마음의 상처를 정리하고 회복하자 업무에서
눈에 띄게 성과가 나타났다.

무엇보다 가장 큰 변화는 나의 마음가짐이었다. 돌이
켜 보면 예전에 나는 일을 돈벌이 수단으로만 여겼던 것
같다. 하지만 부모 탈출 워크를 실천하면서 일이란 남들
에게 최선을 다하거나, 누군가를 기쁘게 하는 것이며 그
결과로 돈이 따라온다는 생각이 들게 되었다.

파나소닉의 창업자인 마쓰시타 고노스케에 관한 유
명한 일화가 있다. 집 안의 전기가 전등용 소켓에만 들어
오던 시절, 그는 다른 전자제품을 동시에 사용하면 많은
사람이 편하게 지낼 수 있으리란 생각에 이단 소켓을 고
안했다. 그것이 대히트를 치면서 파나소닉의 전신인 마
쓰시타 전기가 크게 성장했다. 다시 말해 마쓰시타 고노
스케의 성공에는 '남들이 기뻐했으면 좋겠다'는 마음이
깔려 있다.

120

이를 알고 나서 나 또한 '나와 비슷한 경험으로 고통받고 있는 사람들이 편안하게 지낼 수 있는 일을 하자'고 생각했고, 나의 이야기를 되도록 많은 사람에게 전하게 되었다. 비로소 내가 해야 할 일을 알게 된 것이다.

그러자 놀랍게도 아이디어가 하나둘 떠올랐다. 그 아이디어를 결과물로 만들어 내고자 하나하나 행동으로 옮기는 과정에서 일에 대한 의욕이 크게 향상되었다. '일=돈 버는 것'이라고 생각했을 때는 손가락 하나 꿈쩍하지 못했는데, 거짓말처럼 많은 걸 알려 주고 싶다는 열정이 솟아오른 것이다.

이제 와서 돌이켜 보면 아버지에게 사랑을 충분히 받지 못했다는 마음이 깔려 있어서 나는 늘 남들에게 잘 베풀지 못하고 살았던 것 같다. 일의 본질인 '남에게 아낌없이 베푸는 정신'이 결여되어 있던 내가 당연히 성공할 리 없었다. 그러나 부모 탈출 워크를 통해 아버지로부터 제대로 사랑받고 살았다는 사실을 알게 되면서 나 역시 남들에게 베풀 수 있었다.

부모님이 이혼하고 어머니가 우리 형제를 도맡은 중

학교 1학년 때부터 대학교를 졸업할 때까지 나는 마지못해 몇 달에 한 번씩 아버지와 만나야 했다. 나와 동생의 양육비와 용돈 때문이었다. 아버지를 만날 때마다 나는 '이 사람은 자식들을 사랑하지 않는다'고 느꼈다.

2014년에서야 나는 영상통화로 아버지에게 내 억울한 마음을 털어놓았다. 이후 존 디마티니의 디마티니 메소드를 통해 아버지에 대한 응어리를 가라앉히면서 나와 아버지의 관계도 달라지기 시작했다.

나는 결혼식을 두 번 올렸는데, 초혼 때는 결혼 상대를 소개하지 않고 결혼식 때 아버지를 부르지도 않았다. 그러나 지금은 아버지의 재혼 상대와 내 재혼 상대를 포함해 네 명이서 가족 모임을 하고 자연스럽게 연락하는 사이가 되었다. 정말 놀라운 변화였다.

새어머니의 말에 따르면 아버지는 내가 당신을 싫어하는 것을 알고 마음이 불편한 듯 의기소침할 때가 많았는데, 나와 사이가 좋아진 후로는 눈에 띄게 밝아졌다고 한다. 그동안 나만 괴로웠던 게 아니었던 것이다. 지금의 아버지는 예전과는 달리 많이 부드러워졌다.

과연 아버지는 정말 달라진 걸까? 어쩌면 아버지는

예전과 같고, 달라진 것은 아버지를 바라보는 나의 시각일지도 모른다. 다시 말해 예전과 달리 아버지를 있는 그대로 받아들인 결과일 수 있다.

제4장

마음속
부모 장벽을
무너뜨려라

If you are unhappy
with your parents

나답게 살아가기 위한
부모 탈출 워크

이 장에서는 부모와 심리적 거리를 두기 위한 방법을 구체적으로 소개한다. 앞서 설명한 대로 부모 탈출 워크는 내 마음속에 변화를 일으키고 부모에 대한 시각을 바꿔 준다.

　정도의 차이는 있지만 많은 사람이 부모의 말과 행동을 '나쁘다', '내 마음에 상처를 주었다'는 식으로 부정적으로 받아들인다. 부모 탈출 워크는 이렇듯 마음속에서 편협하게 해석하는 것을 제거하는 작업이다. 그 결과 부모를 있는 그대로 바라보고, 부모에게서 받은 상처를 치

유할 수 있다. 또한 부모에게 속마음을 털어놓거나 사과
해 달라고 말하지 않아도 돼서, 내 속도대로 편하게 진행
할 수 있다.

　부모 탈출 워크는 종이에 쓰거나, 스마트폰 또는 노트
북에 입력하는 식으로 진행된다. 각 단계를 거치는 동안
많은 일이 떠오르기 때문에 머릿속으로만 정리하는 건
어려울 것이다. 또한 직접 적어 보면 머릿속에 얽혀 있던
감정을 쉽게 정리할 수 있다.

부모 탈출 8단계

워크1 | 기분 나빴던 부모의 행동을 적어 본다.

워크2 | 나 혼자만 간직할 '불행 일기'를 쓴다.

워크3 | 부모처럼 내가 했던 나쁜 행동을 떠올린다.

워크4 | 부모의 나쁜 행동이 도움이 된 일을 찾아본다.

워크5 | 내 나쁜 행동이 남에게 도움이 된 일을 찾아본다.

워크6 | 기분 좋았던 부모의 행동을 적어 본다.

워크7 | 부모에게 사랑받았던 증거를 모은다.

워크8 | 부모에게 '감사 편지'를 쓴다.

여기서 소개하는 부모 탈출 워크는 부모 자녀 관계를 개선하기 위한 목적으로 내가 직접 개발했다. 이 워크는 미국 출신의 세계적인 인간행동학자 존 디마티니가 고안한 디마티니 메소드를 바탕으로 한다.

부모 탈출 워크를 단계별로 밟아 나가면 인간관계, 일, 돈, 건강과 같이 우리 삶과 떼려야 뗄 수 없는 일들에서 힘든 점을 찾아내고, 그것을 객관적인 시각으로 되돌릴 수 있다. '살면서 일어나는 모든 일은 우리가 해석하기 전까진 완전히 객관적이다'는 원칙에 따라 진행된다고 보면 된다.

이 점을 참고하여 다음 단계로 넘어가 보자. 이 워크는 8단계로 구성되어 있으며, 흐름은 다음과 같다. 한 번에 부모 한 명씩 진행하며, 만약 부모 모두에게 상처를 받았다면 아빠와 엄마 따로따로 시작하면 된다.

워크1 | 기분 나빴던 부모의 행동을 적어 본다

부모에게 나쁜 감정이 들게 된 일을 객관적으로 떠올려
본다.

↓

워크2 | 나 혼자만 간직할 '불행 일기'를 쓴다

그때 왜 기분이 나빴는지를 있는 그대로 적어 본다.

↓

워크3 | 부모처럼 내가 했던 나쁜 행동을 떠올린다

워크1에 적은 부모의 나쁜 행동을 나 또한 누군가에게 하고
있었다는 사실을 깨닫는다.

↓

워크4 | 부모의 나쁜 행동이 도움이 된 일을 찾아본다

워크1에 적은 부모의 나쁜 점이 내게 도움이 되었던 순간을
떠올려 본다.

↓

워크5 | 내 나쁜 행동이 남에게 도움이 된 일을 찾아본다

워크3에 적은 내 나쁜 행동이 오히려 상대에게 도움이 되었
던 일을 떠올려 본다.

↓

워크6 | 기분 좋았던 부모의 행동을 적어 본다

워크1에 적은 대로 부모가 싫은 행동도 했지만, 정반대로 좋
은 행동을 한 적도 있음을 깨닫는다.

↓

워크7 | 부모에게 사랑받았던 증거를 모은다

부모에게 사랑받았다고 느꼈던 순간을 떠올린다.

↓

워크8 | 부모에게 '감사 편지'를 쓴다

워크를 통해 부모에게 고마운 마음이 들었다면 그 마음을 있
는 그대로 적어 본다.

마음의 중심을 잡는
결정적 포인트

이 워크는 부모에게 상처받았던 일을 '처음부터 끝까지 객관적으로 보느냐'에 달려 있다. 여덟 가지 워크 중에 불행 일기를 쓰는 워크2만 빼고 내 마음속을 객관적으로 들여다봐야 한다. 워크2는 왜 기분이 나빴는지 있는 그대로 써야 하기 때문이다. 그 외에 나머지 단계는 꼭 객관적으로 진행해야 부모 탈출 워크를 끝낼 수 있다.

객관적인 시각으로 봐야 하는 이유는 다음과 같다. 인간의 뇌는 좌뇌와 우뇌 둘로 나뉘어 있으며, 각각 역할이

131

다르다. 언어, 계산 등 논리적인 사고가 필요할 때는 좌
뇌에서 처리한다. 반면 우뇌는 기억력, 상상력, 감정 등을
담당한다. 즉 우리가 '부모를 용서할 수 없다'고 느끼는
것은 우뇌의 작용 때문이다.

한마디로 말하자면, 부모 탈출 워크는 우뇌가 담당하
는 감정의 응어리를 좌뇌를 활용해 논리정연하게 이해하
는 방식이다. 좌뇌를 활용하는 것만으로도 마음이 치유
되긴 하지만, 여기서는 우뇌를 통한 접근 방식도 살짝 더
했다. 즉 워크 초기 단계에 응어리진 감정을 풀어내어 더
빨리 치유되도록 돕는다.

사실 좌뇌와 우뇌 중 한 가지 방식으로도 부모 장벽
을 충분히 무너뜨릴 수 있다. 다시 말해 좌뇌만 최대한
써서 논리적으로 이해해도 되고, 우뇌만 활용해서 감정
을 풀어내도 안 되는 건 아니다. 하지만 사람에 따라 논
리적으로 이해하는 게 맞지 않을 수도 있고, 감정만으로
치유하지 못할 수도 있다. 그래서 부모 탈출 워크는 많은
사람이 실천할 수 있도록 논리적으로 이해하면서도 감정

을 풀어내는 방법을 동시에 진행한다.

내 마음을
제대로 읽어 내려면

부모 탈출 워크의 모든 단계를 하루에 끝낼 필요는 없다. 하루에 하나만 해도 되고 며칠에 걸쳐서 해도 좋다.

다만 내 속도에 맞추면서도 방향을 정해야 한다. 예를 들어 단기간에 집중적으로 끝낼지, 또는 적당한 간격을 두고 규칙적으로 진행할지를 정하는 식이다. 어느 쪽이든 초기 단계만 거쳐도 변화를 실감할 수 있다. 워크를 의식하다 보면 많은 것이 떠오르기 때문이다.

나는 몇몇 고객에게 부모 탈출 워크를 추천했고, 고객들은 자신에게 맞는 방식으로 워크를 실천했다. 휴일에

몰아서 진행한 사람도 있었고, 자기 전에 잠깐 시간을 내서 진행한 사람도 있었다. 내가 추천하는 방식은 다음과 같다.

— 매일 자기 전에 30분씩 하나의 질문과 마주한다.
— 아침에 질문 하나를 보고 온종일 그에 대해 생각해 본다.
— 생각날 때마다 메모해 둔다.
— 매일 출퇴근 시간에 한 가지 질문에 답해 본다.

나는 디마티니 메소드를 접하고서 '이 방법은 부모 문제를 해소하는 데 도움이 될 거야!'라고 직감했다. 이후 하루에 두세 가지 워크를 실천하면서 모든 단계가 끝나기도 전에 마음이 점점 치유된다는 느낌을 받았다. 당연히 무리하면 안 되지만, 최대한 집중적으로 진행해 보기 바란다.

부모 탈출 워크의
시작

본격적으로 부모 탈출 워크를 진행하기에 앞서, 부모와
어떤 일들을 겪었는지 체크해 보자.

— 부모에게 칭찬받고 싶어서 더 열심히 했던 적이
   있는가?
— 부모가 기뻐하는 얼굴을 보고 싶어서 좀 더 버텼
   던 적이 있는가?
— 부모에게 혼날까 봐 눈치 본 적이 있는가?
— 귀가 시간이나 집안 규칙 등, 물리적·심리적으로

제한을 받은 적이 있는가?

— 친가나 외가 사람들 때문에 가족에 대해 고정관념
이 생긴 적이 있는가?

— 취직이나 결혼 등 중요한 선택을 할 때 부모의 의
견을 받아들인 적이 있는가?

— 부모 때문에 연애나 성에 대해 부정적인 이미지를
가진 적이 있는가?

이러한 질문에 답하다 보면 부모에게 어떤 영향을 받
았는지 실감하게 된다. 자, 그럼 이제 부모 탈출 워크를
시작해 보자.

기분 나빴던 부모의
행동을 적어 본다

첫 번째 워크에서는 부모 때문에 기분 나빴던 경험을 떠올려 보자. 다만 '슬펐다', '화났다' 등의 감정이나 '아빠가 냉정하다고 느꼈다', '엄마에게 실망했다' 등의 주관적인 생각은 내려놓자. 즉 여기서는 그때 일어난 일만 사실관계에 따라 적어야 한다. 이를 통해 내가 부모에 대해 나쁜 감정을 갖게 된 순간으로 돌아가게 된다.

나 같은 경우에는 앞서 이야기한 대로 어릴 때부터 아버지가 어려웠다. 그것이 혐오의 감정으로 변한 적도 있었다. '이 사람은 옛날부터 나를 힘들게 하더니, 이젠 무책임하기까지 하네'라며 분노를 느꼈던 순간이다. 이렇게 어느 순간이 생각났다면 왜 기분이 나빴는지 되짚어 보자.

그때 아버지는 "네 엄마와 이혼하기로 했다. 너희는 엄마와 함께 일본으로 돌아가 외갓집에서 살아라"라고 말했다. 나는 그 말을 듣고서 '내가 낳아 달라고 부탁하지도 않았고, 자기들 마음대로 낳아 놨잖아. 그러더니 공부해라, 축구를 더 잘해라 이것저것 강요한 것도 모자라서 이젠 키우는 것도 포기한다고? 대체 뭐지, 이 사람은?'이라며 분노가 한없이 치솟았다.

이젠 그날의 장소와 시간을 떠올리고, 그 앞에 무슨 일이 있었는지 적어 보자.

그때 나는 중학교 1학년이었고, 장소는 당시 살고 있던 싱가포르의 아파트였다. 시간은 6월 오후 4시 무렵이었던 것 같다. 소나기가 쏟아지기 전 탁한 공기가 감도는 가운데, 나는 아버지와 둘이서 거실에 있었다. 평소에도 아버지는 잘 웃지 않았지만, 그때는 더 진지한 표정이었

다. "할 이야기가 있으니 거기 앉아 봐"라고 해서 소파에
앉자, 아버지는 돌연 어머니와 이혼하게 되었다는 말을
꺼냈다.

이런 식으로 마치 영화를 보듯 당시 상황이나 표정을
머릿속에 재연해 보자. 제3자의 눈으로 보듯이 떠올리는
것이 요령이다. 그리고 감정을 배제하고 객관적인 사실
만 종이에 쓰거나, 스마트폰이나 컴퓨터에 기록해 보자.
나 같은 경우에는 다음과 같다.

중학교 1학년 여름, 싱가포르 집 거실에서 아버지와
단둘이 있을 때 "네 엄마와 이혼하기로 했다. 너희는
엄마와 함께 일본으로 돌아가 외갓집에서 살아라"라
는 말을 들었다.

이처럼 나쁜 감정이 싹트게 된 부모와의 일을 3개 적
어 보자. 일어났던 일만 적는 게 포인트다.

한편 다음과 같이 적으면 이어지는 과정을 제대로 진
행할 수 없다. 무엇이 잘못되었을까?

| 좋지 않은 예 |

— 아버지는 인색했다.

— 어머니는 냉정했다.

— 아버지는 동생(또는 형)을 더 좋아했다.

여기에는 나의 감정적인 '해석'만 적혀 있다. 앞서 말한 대로 워크1에서는 이러한 감정이 들게 된 '사건'만 사실을 바탕으로 적어야 한다.

당연히 아버지가 인색하다거나 어머니가 냉정하다고 생각하게 된 계기가 있을 것이다. 그 일은 언제 어디에서 일어났을까? '맞아, 이때였어!'라고 확신할 수 있는 사건을 적어 보자.

포인트는 누가, 언제, 어디에서, 거기에 다른 사람이 있었는지, 무슨 일이 있었는지를 떠올릴 수 있도록 적는 것이다. 자세히 적을수록 생생하게 떠오르긴 하지만, 기억나지 않는 부분은 넘어가도 된다.

어렸을 때의 일이 잘 생각나지 않는 사람도 있을 것이다. 나는 그런 사람들에게 "지금까지 살아오면서 싫었거나 짜증 났거나 답답했던 적이 있지 않나요? 그때와 비슷한 감정이 들었던 때를 떠올려 보세요"라고 말한다.

내 경험을 예로 들자면, 나는 평상시에 나이 많은 남성과 대화할 때 긴장하곤 했다. 그래서 어릴 때 그런 비슷한 느낌을 받은 적이 있는지 곰곰이 생각해 보았다. 그러자 어릴 적에 아버지 앞에서 움츠러들고 긴장했던 기억이 떠올랐다.

이렇게 기억을 거슬러 올라가면 어릴 때 비슷한 감정을 느꼈던 당시로 돌아갈 수 있다. 말끔히 해소되지 않는 감정이 있다면, 그 감정이 나타나게 된 시작점까지 시간을 거슬러 올라가 보자.

| 예문 |

— 11살 여름, 점심이 지나서 거실 소파에 앉아 있는데 아빠가 "난 네 양육비 안 준다!"라고 말했다. 주위에 아무도 없었다.

— 16살 2월인가 3월, 저녁에 백화점에서 엄마와 쇼핑을 하다가 "넌 왜 그렇게 못생겼니!"라는 말을 들었다. 주위에 사람이 많았다.

— 14살 봄, 뭔가를 배우고 돌아오는 길에 아빠에게 "너보다 네 남동생이 잘하네"라는 말을 들었다.

— 15살 5월, 저녁 무렵에 할아버지 집에 있다가 할아버지에게 아빠와 엄마가 이혼했다는 소식을 들었다. 할머니도 옆에 있었다.

— 8살 겨울, 집에 있는데 엄마가 언니가 갖고 싶어 하던 것만 사 왔다. 때는 점심쯤이었고, 아빠도 옆에 있었다.

— 17살 무렵, 밤에 공원에서 아빠에게 맞았다. 주위에는 아무도 없었다.

— 10살인가 11살 무렵, 집에서 엄마에게 "너 같은 애는 필요 없어!"라는 말을 들었다. 겨울이라 추웠고 옆에 여동생도 있었다.

— 7살 무렵, 엄마가 집에 돌아오지 않았다. 한밤중에 동생하고 단 둘이 있었다(그런 일이 여러 번 있었더라도 나쁜 감정이 든 순간을 각각 떠올려 보자).

— 10살 여름, 대낮에 차 안에서 아빠와 엄마가 크게 말다툼을 했다. 형도 옆에 있었다.

— 8살 무렵, 엄마가 모르는 남자를 집에 데리고 오더

니 나보고 나가 있으라고 했다. 밤 10시쯤 집 안이 었고 주위에는 아무도 없었다.

— 15살 무렵, 엄마 아빠에게 어떤 종교의 가르침을 따르지 않으면 지옥에 떨어진다는 말을 들었다. 저녁 무렵 집 근처 길거리에서.

— 17살 무렵, 디자인 전문학교에 다니고 싶다고 했다가 엄마에게 "넌 그런 재능이 없으니까 그냥 포기해"라는 말을 들었다. 저녁에 슈퍼마켓 안이었고 주위에 사람이 많았다.

나 혼자만 간직할
'불행 일기'를 쓴다

워크1에서는 감정을 억제하고 객관적인 사실을 써야 하지만, 워크2에서는 감정을 과감히 폭발시켜야 한다. 불행 일기로 부모에 대한 원망을 맘껏 표출해 보자.

불행 일기는 부모에게 실제로 보여 주는 용도가 아니다. 그저 감정을 드러내는 게 목적이니 어렵게 생각하지 말고 털어놔 보자. 쓰는 방식은 자유다. '그때 그런 말을 듣고 가슴이 너무 아팠다'와 같이 장면을 꼭 집어서 써도 좋고, 그때의 나쁜 감정만 계속 적어 내려가도 상관없다. 포인트는 '감정을 모두 드러내는 것'이다.

144

| 예문 ① 문장 버전 |

— 예문 1

아빠. 내가 고등학생일 때 거실에서 "너한테는 더 이상 기대하지 않는다. 네 동생밖에 기대할 자식이 없어"라고 말했죠? 그 말에 정말 상처받았어요.

그 후로 나는 스스로를 인정하지 못하고 '나는 덜떨어졌어', '나는 자랑스러운 자식이 아니야'라고 생각하게 되었어요. 열등감으로 가득 차서 직장이든 평소 생활이든 자신감이 없어 너무 힘들어요. 아빠가 그때 했던 말을 지금도 잊을 수 없고, 아무리 시간이 지나도 떠올릴 때마다 괴로워요.

그리고 내가 열두 살에 농구 시합에 나갔을 때, 시합을 보러 와선 사람들 앞에서 나한테 왜 야단쳤어요? 도대체 왜 그랬어요? 난 그때 정말 창피했어요. 그 일 이후로 좋아하는 일을 해보고 싶지도 않고, 실수하면 혼날까 봐 과감하게 도전하지도 못하는 사람이 되었어요. 아빠 때문에 이런 성격이 되어 버려서 너무 화가 나요. 제대로 사과받고 싶어요.

엄마. 내가 철들었을 때부터 엄마는 두 동생을 키우느라 바빠서 큰딸인 나는 챙겨 주지 않았죠. 그때 내가 말수가 없어서, 엄마는 걸핏하면 남들에게 "얘는 학교에서 무슨 일이 있었는지 전혀 말하지 않는다니까요"라고 말했지만 사실은 그렇지 않아요. 엄마가 내 이야기를 전혀 들어주지 않으니까 어떻게 말을 꺼내야 할지 몰랐던 거예요.

언제부턴가 나는 아무도 내 말은 안 들어준다고 생각하게 되었어요. 엄마는 그때 내 마음은 안중에도 없었잖아요. 초등학교 때 수학여행에 갔다가 학교로 돌아오던 날이 정말 서운했어요. 다른 엄마들은 다 애를 데리러 왔는데 엄마만 안 왔잖아요. 그때 혼자 집에 돌아와 울면서 말했더니 엄마는 자길 원망한다고 불같이 화를 냈어요. 그러곤 담임선생님에게 전화로 이렇게 말했죠.

"학교에 데리러 가지 않았다고 딸아이가 나를 엄청 원망하네요. 벌써 초등학교 6학년인데 고작 수학여행 하나 갔다 왔다고 부모가 마중 나가면, 애 어리광을 받아 주는 거 아닌가요? 앞으로 그런 행동은 학교 차원에서 금지해 주세요!"

엄마가 내 마음을 몰라주는 것도 속상했는데 담임선생님에게 그런 말도 안 되는 항의를 하다니…. 당시 어린 나이에 들으면서도 정말 부끄러웠어요.

엄마의 몰상식한 점을 혹시 내가 물려받았을까 생각하면 나를 저주하고 싶어져요. '이상한 엄마 밑에서 자란 이상한 딸', 나는 늘 스스로를 그렇게 평가하고 너무 힘들어요. 엄마는 왜 그런 이상한 사람이 됐어요? 나는 내 마음을 알아주는 엄마가 필요했는데….

| 예문 ② 감정 버전 |

장난해?

남의 인생을 망치다니!

아빠 때문에

엄마 때문에

책임져!

미안하다고 해!

부모처럼 내가 했던
나쁜 행동을 떠올린다

앞서 워크1에서는 부모에게 상처받았던 일을 확인했고, 워크2에서는 그 감정을 편지 형식으로 쏟아냈다. 이어지는 워크3에서는 나도 부모에게 상처받았듯 나 역시 누군가에게 상처를 주고 있었다는 사실을 알아볼 것이다.

다른 사람의 호의를 거절했거나 잔뜩 화를 냈던 일, 불안하게 한 일, 마음에 상처를 입힌 일들을 떠올려 보자. 포인트는 부모가 나에게 한 것과 '똑같은 의미의 행동'을 나도 남에게 했던 순간을 떠올리는 것이다.

워크2에서 부모의 어떤 행동을 무책임하다고 느꼈다면, 여러분도 누군가에게 무책임하게 굴었던 장면을 떠올려 보자. 이 같은 방식으로 부모 때문에 꼼짝 못 했던 기억이 있다면 여러분도 누군가를 위협한 적이 있는지 생각해 보고, 인색한 반응을 받은 적이 있다면 여러분도 쩨쩨하게 굴었던 장면을 떠올리는 것이다.

나도 내 나쁜 행동을 적어 보면서 '아버지의 행동을 그렇게도 싫어하더니 나도 똑같은 행동을 많이 하고 있었네' 하고 깜짝 놀랐다. 사람은 누군가에게 당한 일은 기억해도 자신이 한 일은 깨끗하게 잊어버리기 쉽다. 내가 했던 나쁜 행동들을 떠올리면 나도 남에게 냉정하게 대했다는 사실을 깨달을 수 있다.

다음 예문과 같이 길게 쓰지 않아도 된다. 언제, 어디서, 누구에게, 무엇을 했다(또는 말했다)는 식으로 간단명료하게 최소 20개 이상 적어 보자. 물론 많아도 상관없다.

| 예문 |

— 18살 때, A와의 약속을 어기고 비밀을 남에게 말

149

했다.

— 22살 때, 아르바이트를 하면서 내 실수를 말하지 않았다.

— 22살 때, 아르바이트를 하면서 내 실수를 말하지 않았다(같은 내용이라도 여러 번 했다면 그 횟수도 센다).

— 31살 때, 직장에서 성가신 일을 아랫사람에게 떠넘겼다.

— 25살 때, 일을 제대로 하지 않았다.

— 26살 때, 일을 제대로 하지 않았다.

— 28살 때, 일과 관련해서 책임을 피하려 거짓말을 했다.

— 27살 때, 바람을 피웠다.

— 17살 때, 친구와 놀러 가기로 했다가 막판에 취소했다.

— 32살 때, 안전한지도 모르는 투자에 동료를 끌어들였다.

— 14살 때, 키우던 개를 전혀 돌보지 않았다.

— 19살 때, 상대방을 불러 놓고선 피곤해서 나 먼저 집에 갔다.

— 28살 때, 만나던 사람과 결혼할 생각도 없으면서 결혼할 것처럼 행동했다.

— 29살 때, 내가 먼저 사귀자고 해놓곤 싫증 나서 헤어지자고 했다.

— 19살 때, 경력을 속이고 면접을 봤다.

— 24살 때, 길을 전혀 몰랐는데 여행객에게 길을 알려 주었다.

— 17살 때, 친구 생일파티를 직접 열어 준다고 해놓곤 귀찮아서 포기했다.

아버지나 어머니가 그랬듯 자신에게도 부정적인 면이 있었다고 깨달을 때까지 계속 써내려 가야 한다. 나 같은 경우에는 무책임한 점에 주목했다.

부모의 나쁜 행동이
도움이 된 일을 찾아본다

워크1에서 우리는 부모의 행동 중에 특히 싫었던 점을 적어 보았다. 여기서는 그 순간부터 지금까지 그 행동이 나에게 가져다준 좋은 점을 생각해 보자. 그리고 이를 앞선 워크와 마찬가지로 적어 보자. '뭐? 좋은 점이 있다고?'라고 생각할 수도 있겠지만, 곰곰이 되짚어 보면 하나둘쯤은 꼭 나오기 마련이다.

나의 경우에는 앞서 말했던 아버지의 이혼 통보가 여기에 해당된다. 아버지에게 "네 엄마와 이혼하기로 했다.

너희는 일본으로 돌아가"라는 말을 들었을 때, 나는 큰 충격을 받고 아버지에게 실망했다. 그러나 그 일 때문에 좋은 점도 있었다.

당시 나는 싱가포르에서의 생활이 너무 마음에 들어서, 당연히 고등학교 졸업 때까지 싱가포르에서 살다가 미국이나 유럽 대학교에 진학하지 않을까 생각해 왔다. 그런데 부모의 이혼으로 어쩔 수 없이 일본으로 돌아오게 되었다. 언뜻 보면 나쁜 경험이었지만 나는 그 일 이후로 '언젠가는 살고 싶은 곳에서 살 거야!'라고 결심했고 강한 동기부여를 얻었다.

이처럼 여기에서 말하는 '좋은 점'에는 나처럼 직접적인 것도 있겠지만 간접적인 것도 있다.

| 좋은 일의 예시 |

아버지에게 꼭 갖고 싶은 것을 사달라고 하자 "내가 그런 걸 사주겠니? 그럴 돈이 어딨어?"라고 냉정하게 거절당했다.

→ 직접적인 좋은 점

원하는 건 내가 알아서 사야겠다는 자립심이 싹텄다.

돈이 없으면 불편하다는 걸 겪으면서 돈 벌기의 중요성을 깨달았다. 이 때문에 안정적인 직업을 갖고 꾸준히 돈을 벌 수 있게 되었다.

→ 간접적인 좋은 점

돈을 벌어서 직접 사려고 아르바이트를 하다가 소중한 사람(애인, 결혼 상대, 은인)을 만났다.

워크4에서는 자칫하면 실수를 할 수도 있는데, 예를 들어 '그때 보았던 부모의 행동을 타산지석으로 삼았다'는 식이다. 이것은 잘못된 방식이다. 타산지석으로 삼았다는 것 자체가 그때의 부모 행동을 나쁘다고 평가한 셈이기 때문이다.

부모 탈출 워크에서는 아무리 나에게 마음의 상처를 주고 슬픔을 안겼더라도 부모의 행동을 나쁘다고 평가하려 해선 안 된다. 다만 그 일을 계기로 구체적인 행동에 나서서 어떤 이득을 얻었다면 좋은 점으로 봐도 된다.

이 워크에서는 부모의 말과 행동이 내가 평소에 소중히 여기는 것을 좋게 바꿔 놓았는지 돌아보는 쪽으로 진행해야 효과적이다. 예를 들어 연애를 소중히 여기는 사람이라면 부모와의 일로 연애에 어떤 좋은 점이 생겼는지를 떠올려 보고, 일이 우선인 사람이라면 그 사건이 내 커리어에 어떤 이득을 주었는지 살펴보면 된다.

다음 예문과 같이 '나쁜 점 못지않게 좋은 점도 있었다'고 확신할 수 있을 때까지 적어 보자. 워크3과 마찬가지로 20개 이상 쓰는 것이 좋다.

| 예문 |

— 엄마 아빠가 이혼하면서 감시를 받지 않게 되어 중고등학교를 다닐 때 편하게 지냈다.

— 엄마 아빠가 이혼한 후에 두 사람 사이에서 이야기를 전달해 주다 보니 논리정연하게 대화하는 능력이 생겼다.

— 부모의 이혼 후 환경이 확 바뀌면서 이후 어느 환경에서든 잘 적응할 수 있게 되었다.

— 논리적인 사고나 대화 방식이 지금 하는 일에 도움이 되고 있다.

— 부모의 감시가 사라져서 음악에 제대로 몰입할 수

있었다.

—음악을 열심히 해서 콩쿠르에서 상도 받았다.

—공부 말고 다른 걸 열심히 했더니 정시가 아닌 특별전형으로 원하는 대학에 입학했다.

—헛헛한 마음에 '앞으로는 원하는 걸 해보면서 살고 싶은 곳에 꼭 살아야지' 하고 굳게 결심했고 실제로 그렇게 되었다. 또한 마음을 달래고자 대학생 때 배낭여행을 하면서 여러 나라 사람들과 교류할 수 있었다.

—할아버지, 할머니와 살면서 더 깊게 정이 들었다. 또한 명절이면 친척들에게 다른 애들보다 세뱃돈을 더 많이 받았다.

—내 마음대로 옷을 입고 밤에 돌아다니다가 멋쟁이인 A와 친해졌다. A 덕분에 패션에 눈을 떴고 나중엔 뉴욕에 패션을 배우러 갔다.

—유학 시절엔 돈이 없어 힘들었지만 자기계발이나 심리학을 배우며 내 인생을 되돌아보는 계기로 삼았다.

—공부하면서 만난 B와 뜨거운 연애도 했다. 내 인생

— 공부하면서 만난 B와 뜨거운 연애도 했다. 내 인생

의 키워드가 된 심리학의 교류 분석 관련 정보를 B
에게서 얻었다.

— 뉴욕에서 만난 C와는 아직도 사이가 좋아서 C가
사는 동남아시아도 함께 여행하곤 했다.

— 자기계발을 배우자 인생이 훨씬 편안해졌다.

— 부모의 이혼이 꽤 충격적이라서 가족에 대해 더욱
생각하게 되었고, 그것이 지금의 내 일로 이어졌다.

— 이 일을 하다가 멘토인 D를 만나 지금까지 좋은
인연을 이어 가고 있다.

내 나쁜 행동이
남에게 도움이 된 일을 찾아본다

우리는 워크3을 통해 우리 또한 부모와 마찬가지로 누군가에게 상처를 주거나 슬프게 했다는 사실을 깨달았다. 하지만 여러분이 부모에게 받은 상처에서 좋은 점이 있었듯 여러분 때문에 마음이 다친 상대방도 뭔가 이득을 얻었을 수 있다. 이 워크에서는 내가 상대방에게 무슨 도움을 주었는지 생각해 보자.

다음 예문 중 몇 개는 자기 멋대로 해석한 것처럼 보이기도 하고, 도덕적으로 괜찮은지 의심스러울 수도 있다. 하지만 워크5에서는 억지로라도 남에게 어떤 도움을 주었는지 찾아봐야 효과가 있다. 이는 어떤 사건을 좁은 시야가 아닌 멀리서 객관적으로 바라보는 데 도움이 된다. 나의 무책임한 행동이 남에게 부정적인 영향 못지않게 도움이 되었다는 사실을 확신할 수 있을 때까지 적어보자.

제4장
마음속
부모 장벽을
무너뜨려라

| 예문 |

18살 때, A와의 약속을 어기고 비밀을 남에게 말했다. → 그 비밀이 들킨 덕분에 A는 B와 사귈 수 있었다.

22살 때, 아르바이트를 하면서 내 실수를 말하지 않았다. → 결국 들켰지만, 회사의 관리체계가 강화되어 규율이 생겼다.

22살 때, 아르바이트를 하면서 내 실수를 말하지 않았다. → 다행히 다른 사람이 해결하진 않았다(같은 내용이라도 여러 번 했다면 그 횟수도 센다).

31살 때, 직장에서 성가신 일을 아랫사람에게 떠넘겼다. → 부하직원의 성장으로 이어졌다.

25살 때, 일을 제대로 하지 않았다. → 재충전해서 다음

날부터 기분 좋게 일했더니 능률이 올라 회사에 도움이 되었다.

26살 때, 일을 제대로 하지 않았다. → 동료들에게 민폐를 끼쳤지만, 그들의 업무 처리 능력이 향상되었다.

28살 때, 일과 관련해서 책임을 피하려 거짓말을 했다. → 그 후 들통나서 좌천되었지만, 회사 입장에서는 적임자가 아닌 나를 다른 곳으로 보낼 구실이 생겼다.

27살 때, 바람을 피웠다. → 바람피운 상대에게 위안과 쾌락을 얻었다. 나와 사귀던 사람은 이별하고 나서 자신과 더 잘 맞는 사람을 만났다.

17살 때, 친구와 놀러 가기로 했다가 막판에 취소했다. → 친구는 그만큼 시간이 생겼다.

32살 때, 안전한지도 모르는 투자에 동료를 끌어들였다. → 결국 투자에 실패했지만, 친구는 투자의 어려움을 깨닫고 이후 신중하게 투자하게 되었다.

14살 때, 키우던 개를 전혀 돌보지 않았다. → 엄마 아빠가 개와 더욱 친밀해졌다.

19살 때, 상대방을 불러 놓고선 피곤해서 나 먼저 집에 갔다. → 상대방 입장에선 게으른 나와 절교할 수 있는 구실이 생겼다.

28살 때, 만나던 사람과 결혼할 생각도 없으면서 결혼할 것처럼 행동했다. → 상대방은 그 순간 기쁨과 편안함을 느꼈다.

29살 때, 내가 먼저 사귀자고 해놓곤 싫증 나서 헤어지자고 했다. → 나와 사귀면서 함께 해외여행도 떠났고, 결국엔 성격이 맞지 않는 나와 헤어질 수 있었다.

19살 때, 경력을 속이고 면접을 봤다. → 회사는 일손 부족을 해결했고, 또한 새로 면접을 진행해야 하는 수고를 덜고 채용 절차를 일찍 마칠 수 있었다.

24살 때, 길을 전혀 몰랐는데 여행객에게 길을 알려 주었다. → 상대방은 구석구석 더 생생하게 구경할 수 있었다.

17살 때, 친구 생일파티를 직접 열어 준다고 해놓곤 귀찮아서 포기했다. → 친구는 가족과 생일을 보내면서 더욱 사이가 *끈끈해졌다.*

기분 좋았던
부모의 행동을 적어 본다

우리는 워크1에 적은 부모의 말과 행동 때문에 워크2에 적은 대로 부모에게 나쁜 감정이 생겼다. 그러나 부모가 그와 정반대인 행동도 하지 않았을까?

워크6의 목적은 이처럼 부모의 좋은 면을 깨닫는 것이다. 예를 들어 부모가 차갑게 대해서 마음의 상처를 받았다면, '차갑다'의 정반대인 '따뜻하다', '다정하다'고 느낀 순간을 떠올려 보자.

사람은 다양한 특성을 갖고 있다. 자녀에게 마음의 상

처를 준 행동은 부모의 한 부분에 지나지 않는다. '그토
록 싫던 부모의 어떤 행동이 그저 한 부분에 지나지 않았
다'고 느껴질 때까지 20개 이상 적어 보자.

　나의 경우에는 아버지가 무책임한 것 같아 화가 났다.
'무책임'의 정반대는 '책임을 지다'이다. 따라서 아버지
가 책임을 졌던 일들을 적어 보았다. 이처럼 아버지나 어
머니에 대해 '냉정하다', '무책임하다', '머리가 나쁘다'고
느껴 왔다면, 그와 정반대인 면을 확실히 알 수 있을 때
까지 쭉 적어 보자.

| 예문 |

내가 대학교를 졸업할 때까지 학비를 대주었다.

주말에도 아침부터 밤까지 일하면서 일을 끝냈다(여
러 번 봐왔다면 그 횟수만큼 적는다).

아침부터 밤까지 주말에도 일하며 업무를 마쳤다.

한밤중에 회사에서 불러도 책임감으로 일하러 갔다.

바람피우지 않고 가족에 책임을 다했다.

반상회에 빠짐없이 참석했다.

매달 가족의 생활비를 대주었다.

163

조부모님 요양에 필요한 돈을 냈다.

가족의 묫자리를 마련했다.

자신의 노후를 위해 저축하고 있다.

쓰레기를 잘 분리한다.

내 문제로 학교 선생님이 불렀을 때 사과하러 갔다.

주택 융자금을 매달 갚았다.

손님이 왔을 때 집 근처를 온종일 안내했다.

약속한 것을 사다 주었다.

약속했던 선물을 사주었다.

부모에게 사랑받았던
증거를 모은다

워크7에서는 엄마나 아빠에게 지금까지 살면서 사랑받았다고 느낀 장면을 떠올려 보자. 특별한 일이 아니어도 괜찮다. 예를 들어 '매일 밥을 차려 주었다', '학교까지 데려다주었다', '내가 아플 때 걱정해 주었다' 등 부모가 아니라면 나에게 해주지 않았을 일(그러나 부모라면 당연히 해주는 일)이어도 된다.

이런 사소한 일까지 포함하면 무척 많겠지만, 많이 떠올릴수록 마음을 잘 치유할 수 있다. '부모에게 분명히 사랑받았다'고 느낄 때까지 최소 20개 이상 적어 보자.

165

의미 있는 이름을 지어 주었다.

갓난아기 때 사진을 잘 간직해 주었다.

엄마 아빠 곁을 떠나 독립할 때까지 키워 주었다.

운동회 때 찍은 동영상을 함께 보았다.

아침을 차려 주었다(인상 깊었다면 그 횟수만큼 적는다).

점심을 차려 주었다.

저녁을 차려 주었다.

초등학교 1학년 때 학부모 참관 수업에 와주었다.

초등학교 3학년 때 학부모 참관 수업에 와주었다.

초등학교 4학년 때 학부모 참관 수업에 와주었다.

초등학교 졸업식에 와주었다.

중학교 졸업식에 와주었다.

시험공부를 할 때 학원에 보내 주었다.

내 방을 따로 마련해 주었다.

스웨터를 짜주었다.

걱정스러운 마음에 결혼을 반대했다.

자전거 타는 법을 알려 주었다.

학원에 보내 주었다.

학교에 데려다주었다(인상 깊었다면 그 횟수만큼 적는다).

놀이공원에 데려가 주었다.

슈퍼마켓에서 내가 갖고 싶어 하는 것을 사주었다.

내 커리어나 성적을 남에게 자랑했다.

아직도 함께 살고 있다.

부모에게
'감사 편지'를 쓴다

지금까지 일곱 가지 워크를 진행해 봤다. 자, 지금 여러분의 기분은 어떤가? 부모 탈출 워크를 시작하기 전에는 상상하지 못했을 기분이 들지 않는가?

나 역시 그랬다. 나는 늘 아버지를 원망하기만 했지, 설마 고마워하리라고는 생각지도 못했다. 그전까지 나는 아버지에 대한 복수심으로 가득 차서 '성공하고 싶지만 그러고 싶지 않다'는 모순된 마음을 가지고 있었다. 다시 말해 '당신 때문에 내가 이렇게 실패했어요!'라는 걸 보

168

여 주기 위해 성공하고 싶지 않았지만, 성공하고 싶은 마음도 없지 않아서 무의식중에 계속 갈등했던 것 같다. 또한 아버지가 나에게 해준 일들을 어떻게든 인정하고 싶지 않았다. 그런 편협한 마음이 부모 탈출 워크를 통해 눈 녹듯 사라졌고, 워크6을 마칠 무렵에는 나조차 놀랄 정도로 고마운 마음이 솟아올랐다.

여기까지 진행했다면 여러분도 나처럼 부모에게 고마운 마음이 들었을 것이다. 그 마음을 말로 표현해 보기 바란다. 워크2의 불행 일기와 마찬가지로 부모에게 이 편지를 실제로 보여 주거나 건넬 필요는 없다. 지금 심정을 솔직하게 표현해 보자. 이 워크에서는 일부러 예문을 넣지 않았다. 그저 마음 가는 대로 적으면 된다.

부모와 함께한
기억이 없다면?

부모 탈출 워크에 대해 이야기하면 "한부모 가정이거나

부모가 모두 없어도 화해할 수 있나요?"라는 질문을 받

곤 한다. 당연히 가능하다.

　워크1을 진행하다 보면 아빠(또는 엄마)가 없어서 외

로웠거나 속상했던 순간을 떠올리게 된다. 반대로 워크3

에서는 여러분이 살펴봐 주지 않아 누군가 외롭지 않았

는지 생각해 보자. 그리고 워크4에서 부모가 곁에 없어서

좋았던 점을 적으면 된다.

　이어서 워크6에서는 모습은 없지만 부모의 존재가 살

면서 크게 느껴졌던 순간을 떠올려 보기 바란다. 예를 들어 '이름을 지어 주었다', '추억의 물건이 남아 있다', '누군가에게 부모의 이야기를 들었다' 등 부모의 존재를 느꼈던 때로 돌아가서 감사 편지를 적어 보자.

제5장

부모 탈출로 얻는 다섯 가지 자유

If you are unhappy
with your parents

오늘부터 시작하는
불행해방일지

우리는 알게 모르게 자신의 한계를 정한다. 대부분 부모가 그러면 안 된다고 머릿속에 새겨 넣은 '부모 장벽' 때문이다. 하지만 부모 탈출 워크를 마치면 더 이상 부모의 말에 좌우되지 않는다. 부모에 대한 원망이 감사로 바뀌면서 다시 태어난 듯이 자유로워지기 때문이다.

사람은 원래 돈, 시간, 장소, 인간관계, 건강에 관해서 자유롭게 선택할 수 있다. 나는 이를 '인생의 5대 자유'라고 부른다.

175

하지만 머릿속에 부모 장벽이 있을 때는 이를 깨닫지 못한다. 나 역시 그랬다. 내 마음속에는 아버지가 하란 대로 했는데 결국 배신당했다는 원망이 가득했다. 그래서 복수하고 싶은 마음에 꼭 성공할 거라고 거들먹거렸지만, 실제로는 업무에 집중하지 못했고 시간도 제대로 활용하지 못했다. 아침에 눈을 뜨면 '또 하루가 시작되는구나'라는 생각에 절망감이 밀려올 뿐이었다. 당연히 일이 잘 풀릴 턱이 없었고, 돈도 따라오지 않았다.

당시 꿈에 그리던 뉴욕에 살고 있었지만, 내가 살던 곳은 남의 집 주방 천장에 불법으로 매달아 놓은 폭 1.5미터, 높이 80센티미터의 나무상자 안이었다. 건강도 좋지 않아 요통이나 과민성 장염에 시달렸다.

지금 생각해 보면 부모에게 벌을 주고 싶다는 마음에 스스로 불행해지는 쪽을 선택했던 것 같다. 부모의 양육이 실패했다는 사실을 증명하고 싶어 내 모든 에너지를 쏟아부은 것이다.

여성의 경우 섭식장애라는 형태로 어머니와의 불화가 겉으로 드러나는 사례가 많다. 이 또한 부모에 대한 복수 중 하나라고 볼 수 있다. 쇼핑 중독이나 이성에 지나치게 의존하는 것 역시 '엄마가 나를 덜 사랑해 줘서 내가 이렇게 되었다'고 호소하는 것일지도 모른다.

한 연구 결과에 따르면 통제되지 않는 감정에 지배받을 경우 IQ(지능지수)가 떨어진다. 즉 부모와 심리적으로 화해하지 못하면 내가 원래 갖고 있던 가능성을 발휘하지 못한다.

나 같은 경우에는 부모 탈출 워크를 통해 부모에 대한 원망이 고마움으로 바뀌자, 비로소 내가 부모 때문에 에너지를 많이 낭비하고 있었음을 알게 되었다. 그리고 '부모에게 휘둘리고 싶지 않은 마음=부모 장벽 제거하기'라는 사실을 처음 깨달았다. 다시 말해 살아가면서 돈, 시간, 장소, 인간관계, 건강에 대해 '이건 어쩔 수 없어'라고 포기한다면 그 이면에는 높은 부모 장벽이 있을 수도 있다.

나는 지금껏 자기계발 책을 통해 마음속의 이러한 장벽을 무너뜨리면 진정한 자유를 얻을 수 있다는 것을 머리로는 알고 있었다. 하지만 부모 탈출 워크를 딱 마치고

177

서야 그것의 진정한 의미를 이해하고 '장벽이 무너졌다'는 느낌을 받았다. 이 장에서는 나처럼 부모 탈출 워크를 통해 위기를 극복한 사람들의 사례를 만나 보도록 하자.

잃어버린
내 편을 찾다

부모는 자녀의 가장 든든한 아군이다. 그러나 자녀들은 그 사실을 곧잘 잊어버린다. 특히 부모가 제 고집대로 마구 밀어붙이면 자녀도 따라서 반항하게 되는데, 이 과정에서 부모는 아군은커녕 적이 되고 만다.

현재 일러스트레이터로 활동 중인 27세 여성 미오 씨도 그중 한 명이었다. 부모가 공무원인 미오 씨는 어릴 때부터 막연하게 '나도 공무원이 되겠지'라고 생각했다고 한다. 그에 대해 반감이 든 적은 없었지만, 언제부턴가

전형적인 공무원답게 고지식한 부모의 눈치를 보게 되었다. 그래서 뭔가를 선택할 때 부모의 반응을 꼭 생각해보고 부모가 이해할 만한 쪽을 골랐다고 한다. 특히 친가에는 공무원이 많아서 '공무원 말고 다른 직업은 인정하지 않는다'는 아버지의 편견이 계속 신경 쓰였다.

그러나 어릴 때부터 그림 그리기를 좋아했던 미오 씨는 고등학교를 졸업하고 미술 관련 전문학교에 가고 싶었다. 그래서 고등학교 3학년 때 마음을 크게 먹고 아버지에게 미대에 진학하고 싶다고 말했다. 물론 아버지는 "제정신이야? 그림으로 먹고살 수 있을 것 같아? 좀 더 현실적으로 생각해야지!"라며 노발대발했다.

결국 미오 씨는 아버지의 말에 따라 일단 고등학교를 졸업하고 공무원으로 일하기 시작했다. 하지만 공무원으로 3년째 일하던 어느 날, 화가의 꿈을 도저히 억누를 수 없었다. 이후 내가 운영하는 부모 자녀 개선 프로그램에 참여한 미오 씨는 늘 부모의 눈치를 보며 살아왔음을 깨닫고 앞으로 자신이 원하는 길을 가기로 결심했다.

거래처까지 알아보는 등 준비를 착실히 마치고 나서

아버지에게 말을 꺼내니 뜻밖의 반응이 돌아왔다. "네가 공무원으로 일한 지 벌써 3년이 넘었네. 지금까지 참 잘 버텼구나. 내 생각보다 잘하는 것 같으니 네가 원하는 길도 잘 해내겠지"라며 인정해 주었다고 한다. 아버지의 말을 듣고 미오 씨는 '아버지들은 늘 엄하지 않으며 자식을 진심으로 걱정해 준다'는 사실을 다시 한번 실감했다고 한다.

현재 미오 씨는 여러 작업을 동시에 진행하는 잘나가는 일러스트레이터가 되었다. 공무원으로 3년간 일한 경험을 살려 빠르고 정확한 업무로 거래처 사람들에게 좋은 평가를 받고 있다. 이 또한 아버지의 양육 방식에서 비롯되었다고 할 수 있다.

걱정의 무게를
덜어 낸다는 것

인생의 여러 걱정 중에 돈 걱정도 부모에 대한 시각을 바꾸면 해결되는 경우가 많다. 한때 도박에 빠진 아버지를 둔 41세 여성 유리 씨는 오랫동안 부모가 집에서 빈둥거리는 모습만 봐왔다. 이 때문에 마음에 상처를 입고 사춘기를 힘들게 보냈다고 한다.

나와 처음 만났을 때 유리 씨는 두 자녀를 둔 엄마였다. 남편의 수입이 결코 적지 않았고 유리 씨 또한 의료 관련 자격증이 있는 전문직 여성이어서 경제적으로 전혀 문제가 없었다. 그러나 그녀는 아무리 돈이 있어도 늘 불안했다. 그래서 많을 때는 세 가지 일을 병행하다 보니 몸도 마음도 피폐해졌다. 남편의 소비 방식에도 예민해져서 남편과 자주 부딪쳤다고 한다.

이러한 이유로 부모 탈출 워크를 시작한 유리 씨는 그제야 아버지가 일하지 않고 도박에 빠져 있었던 시기가 잠깐에 불과했음을 깨달았다. 유리 씨가 사춘기에 들어서기 전까지 아버지는 매일 회사에 나가 밤늦게까지 성실하게 일했지만 운 나쁘게 불경기 때 직장에서 정리해고를 당했다. 최선을 다해 일해 온 만큼 아버지는 잠시 자포자기 상태가 되었을 것이다. 또한 되짚어 보니 아버지는 그 시기에 집에서 빈둥거리지 않고 실제로는 어머니가 일하러 나간 사이에 한참 어린 유리 씨의 동생을 잘 돌보고 있었다.

살다 보면 좋은 때도 있고 나쁜 때도 있다. 어쩌다가 힘든 시기를 겪던 부모의 싫은 모습만 기억했다는 걸 깨닫고 나서 유리 씨는 새로운 사실을 알게 되었다. 열심히 일해 온 만큼 저축한 돈이 꽤 많았던 것이다. 유리 씨는 '이 정도 돈을 모았으니 마음 졸이지 않아도 되겠네'라고 마음을 다잡고 투자 공부를 시작해 돈을 잘 굴리고 있다.

또한 마음에 여유가 생기자 남편이 어떻게 돈을 쓰든 일

일이 간섭하지 않아서 부부 사이도 좋아졌다고 한다.

연애가 수월해지는
또 다른 이유

내 상담실에 찾아온 28세 여성 미카 씨의 고민은 이랬다.
"연애할 때마다 뜨겁게 달아올랐다가 금방 식더니 기껏
해야 두 달 정도면 헤어져요. 왜 매번 연애가 이렇게 끝
날까요?"

부모와 어떤 사이였는지 물어보니 비교적 자유로운
가정에서 자라 어릴 때부터 부모의 애정을 느끼지 못했
다고 한다. 또한 마음이 늘 허전해 특정 상대에게 지나치
게 집착한다는 사실을 알 수 있었다.

특히 미카 씨는 어머니에게 애정을 별로 느끼지 못했

다. 미카 씨의 어머니는 꽤 담담한 성격이었다. 풀타임으로 일하느라 바빴던 이유도 있지만, 어릴 때부터 딸과 스킨십이 드물고 칭찬해 주는 일도 없었다. 그래서인지 언제부턴가 미카 씨의 마음에는 채워지지 않는 외로움이 싹텄다.

그 결과 미카 씨는 성인이 되고 나서 연애하는 남성에게 의존하는 습관이 생겼다. '언젠가 떠나 버리지 않을까?' '혹시 나를 굳이 붙잡지 않아도 되는 사람이라고 생각할까?'라고 불안해하며 애인에게 필요 이상으로 간섭했다. 과도한 대가를 요구하기도 해서 상대방이 지쳐서 떠나는 경우가 많았다고 한다.

다행히 미카 씨도 부모 탈출 워크를 통해 부모를 다르게 바라봄으로써 인생이 좋아졌다. 부모 탈출 워크를 시작하자 미카 씨는 어머니의 또 다른 면을 깨닫게 되었다. 확실히 말을 걸거나 스킨십을 하거나 애정 표현도 잘 해주지 않았지만, 어머니는 오랫동안 딸을 위해 돈을 모으고 딸이 취업 활동을 할 땐 인맥을 찾아주었다. 미카 씨가 바라는 방식대로 사랑해 주진 않았지만 어머니는

자기 나름대로 딸을 사랑하고 생각했던 것이다. 미카 씨
는 이 사실을 실감하며 매우 감동했다.

　연애가 잘 안 되는 이유 중에는 이같이 어릴 적 엄마
에게 애정을 느끼지 못했다는 점도 있다. 이런 사람은 어
른이 되어서도 연애 상대에게 과한 애정을 요구하기도
한다. 부모 탈출 워크를 통해 부모에게 사랑받고 있었다
는 사실을 깨달으면 연애 상대에게 과한 요구를 하지 않
으면서 좋은 관계를 이어 나갈 수 있다.

형제에 대한
선입견이 사라진다

같은 부모에게서 태어나 함께 자란 형제는 가장 친한 친구가 될 수도 있고, 동시에 부모의 사랑을 두고 경쟁하는 최대의 라이벌이 되기도 한다.

나의 경우에는 일곱 살 어린 남동생이 있었는데, 그리 친하지도 않았고 서로 경쟁하는 일도 거의 없었다. 다만 절대 잊지 못할 기억이 하나 있다. 외할아버지가 아버지에게서 "이제 큰애에게는 기대할 게 없어요. 기대할 수 있는 건 작은애뿐이에요"라고 말했다는 것을 전해 들었던 순간이다. 굳이 그런 말을 나에게 전하는 외할아버지

도 충격적이었지만, 그 말을 들었을 때 너무나 큰 충격을
받았다.

회사를 경영하는 49세 남성 다츠야 씨도 나와 비슷
한 일을 겪었다. 대학입시에 떨어지자 그의 아버지는 "너
한테는 더 이상 기대하지 않는다. 네 동생이 우리 집안의
유일한 희망이야"라고 말했다. 다츠야 씨는 그 말을 듣고
큰 충격을 받았다고 한다.

이후 다츠야 씨는 아버지에게 복수하고 싶다는 마음
으로 사회에 나가 열심히 일했고 경영자로서 나름대로
성과를 거둘 수 있었다. 하지만 업무량이 늘고 직원을 채
용하기 시작하면서 직원이 오래 버티지 못해 고민이었
다. 직원의 실수를 용납하지 못하고 자신도 모르게 호되
게 야단쳤기 때문이다.

나는 다츠야 씨에게 부모와 어떤 사이였는지 다시 생
각해 보라고 제안했다. 그러자 그는 예전에 아버지가 더
이상 기대하지 않는다며 자신을 냉대했듯, 자신도 직원
들을 그렇게 대하고 있었다는 사실을 깨달았다. 그리고
부모 탈출 워크를 이어 가는 동안 엄했던 아버지의 또 다

189

른 면을 알게 되었다.

대학입시에 계속 떨어지고 재수하게 되었을 때 아버지는 불평 한마디 없이 학비를 대주었고, 대학교를 막 졸업하고 취직할 때는 양복을 새로 맞춰 주었다. '너한테는 더 이상 기대하지 않는다'는 말도 뒤집어 보면 '지금껏 아버지가 나를 많이 기대하고 있었고, 기대가 큰 만큼 실망도 커서 순간적으로 내뱉은 말이 아니었을까?'라는 생각이 들었다. 엄하고 냉정하긴 했지만 실제로는 자상하고 아들을 깊이 사랑했다는 사실을 실감하자, 다츠야 씨는 처음으로 안도감이 들었다고 한다.

다츠야 씨의 사업은 이후 승승장구했는데, 그는 거기에 두 가지 이유가 있다고 말했다. 하나는 일의 동기부여를 '아버지에게 복수하고 싶다'에서 '모르는 사람들이 행복했으면 좋겠다'로 바꾸었기 때문이다. 또 하나는 직원들을 사업 성공을 함께하는 동지로 여기며 그들의 실수를 일일이 지적하지 않았기 때문이다.

내 이야기로 돌아가자면, 외할아버지는 굳이 왜 나에게 아버지가 했던 말을 전했을까? 바로 외할아버지가 아버지에게 좋은 감정이 없었기 때문이다. 아마도 외할아 버지는 큰애는 기대하지 않고 작은애만 기대하겠다는 아버지의 말을 전하며 속으로는 '네 아비는 이렇게 형편없는 사람이란다'라고 말하고 싶었을지도 모른다. 자신의 딸을 불행하게 만들었다고 생각했기 때문일 것이다.

실제로도 동생이 나보다 공부를 잘해서 좋은 학교에 진학했기 때문에 외할아버지가 들었다는 말이 더욱 그럴싸했다. 하지만 부모 탈출 워크를 통해 모든 일을 객관적으로 보게 된 후로는 외할아버지의 생각이 더해진 말을 진지하게 받아들이지 않아도 된다는 생각이 들었다.

과연 부모와
힘든 일만 있었을까?

'엄마 아빠 때문에 내가 이렇게 살게 되었다'고 생각하는 사람이 많을 것이다. 하지만 지난 인생을 객관적으로 돌아보면 의외로 어두운 그림자를 드리운 사건이 살아가면서 중요한 역할을 할 때도 있다.

카페를 경영하고 있는 37세 여성 마유미 씨는 사춘기에 부모의 이혼을 겪고 외갓집에서 주로 지내게 되었다. 그녀는 가족을 떠난 아버지와 친정 부모에게 딸을 맡기고 거의 만나러 오지 않는 어머니를 원망하며 살아왔다.

그래서 부모 탈출 워크를 아버지와 어머니 따로따로 실시하자, 마유미 씨는 많은 것을 깨닫게 되었다.

현재 마유미 씨는 자기 밭에서 직접 기른 유기농 채소를 사용해 카페를 운영하고 있다. 그녀가 농사에 흥미를 느끼게 된 건 어릴 때 자신을 키워 준 조부모가 농사를 지었기 때문이다. 농사일을 돕다가 농작물이 자라는 모습에 푹 빠진 마유미 씨는 대학도 농학과에 진학했다. 이후 농사일과 대학에서 배운 노하우, 그리고 인맥을 살려 유기농 카페를 개업했다.

그녀가 농사와 관련된 일을 해온 근본적인 원인은 부모의 이혼으로 어머니가 딸을 돌보지 못하게 되면서 친정에 맡겼기 때문이다. 즉 마유미 씨가 원망했던 부모의 이혼이 그녀의 인생을 개척하는 계기를 만들어 준 셈이다.

나는 마유미 씨에게 "부모님이 이혼하지 않았더라면 행복했을 것 같나요?"라고 물어본 적이 있다. 부모 탈출 워크로 마음의 평안을 찾은 그녀의 대답은 이랬다. "아뇨. 지금은 꼭 그렇게 생각하지 않아요. 어쨌든 이렇게 살아왔으니까 지금의 내가 있겠죠. 대체로 매우 만족합니다."

눈치를 보던
버릇이 도움이 된다면

부모 사이가 나쁜 가정에서 자란 아이들은 늘 부모의 눈치를 보곤 한다. 머지않아 부모 말고도 주변 사람들의 눈치를 보기 때문에 나답게 행동하지 못한다. 만약 이렇듯 눈치 보는 습관이 훗날 어른이 되고 나서 도움이 된다면 어떨까?

사이가 좋지 않은 부모를 미워했던 52세 여성 미유키 씨도 앞서 말한 대로 남의 눈치를 보며 살았다. 부모를 신뢰하지 않기 때문에 남도 잘 믿지 않았고 친한 친구도 거의 없었다고 한다. 그녀는 '엄마 아빠 때문에 남에게 마음의 문을 열지 못하고 눈치만 보며 초라하게 사네'라고 생각해 왔다.

하지만 부모 탈출 워크를 한 이후로 혹시 내가 그렇게 여기는 건 부모의 한쪽 면만 봐왔기 때문이 아닐까 생각하게 되었다. 돌이켜 보면 부모가 늘 으르렁댄 것은 아니었다. 가족여행도 몇 번 갔고, 중고등학교 때는 배구부에 있던 미유키 씨의 시합이 있을 때마다 부부가 함께 응원하러 오기도 했다. 미유키 씨는 부모가 확실히 자주 싸우긴 했지만 사이가 좋은 때도 있었다는 걸 깨달았다.

한편 남을 믿지 못하고 눈치만 보던 단점도 늘 나쁘지 않다는 걸 알게 되었다. 예를 들어 주변의 많은 사람이 속아 넘어간 투자 사기 사건이 있었을 때 미유키 씨는 의심스러워했기 때문에 피해를 보지 않았다. 조심성이 많은 편이라 천만다행이었다. 간호사라는 직업 특성상 일하면서 환자의 동태를 잘 관찰해야 했는데, 어릴 때부터 부모 눈치를 보며 자란 미유키 씨는 환자의 마음을 누구보다 잘 읽어 냈다.

195

이윽고 미유키 씨는 환자에게 '불안한 마음을 잘 이해해 줘서 고마워요'라는 감사 인사를 많이 받는 게 남의 눈치를 보던 버릇이 긍정적으로 작용한 덕분이라고 생각하기 시작했다. 그렇게 생각하니 눈치를 보는 습관이 더 이상 고민거리가 아니었다.

나는 부모에게
무얼 얻었을까?

부모 탈출 워크의 특징은 '관점을 바꾼다'는 점에 있다. 예를 들어 워크4는 마음의 상처를 받은 부모와의 일을 긍정적으로 바꿔서 생각해 보는 과정이다. 나에게는 정말 획기적인 방법이었다.

나 같은 경우만 해도 어릴 때는 아버지가 공부나 운동을 강요해 마냥 괴로웠지만, 영어 실력이나 체력을 키우는 습관, 문장을 쓰고 읽는 훈련 등이 몸에 익어서 현재 큰 도움이 되고 있다.

33세 남성 마코토 씨도 나와 마찬가지로 대기업에 취업했으나 인간관계에 지쳐서 독립을 고민하던 때가 있었다. 비즈니스 세미나 등에 참석해 이것저것 시도해 보았지만 딱히 효과가 없었다. 그러던 중에 나를 만나 상담을 받으면서 부모와 어떤 문제가 있었다는 걸 처음 깨달았다고 한다.

마코토 씨의 부모는 자식이 아직 어릴 때 이혼했다. 이후 그는 아버지에게 버림받았다고 생각했고, 한 번도 아버지의 존재가 실감 나지 않아 깊은 분노를 품으며 살아왔다. 그리고 자식을 그런 상태로 만든 어머니에게도 분노를 느끼며 무의식중에 복수를 위해 자신이 불행해지는 쪽을 선택했다. 이런 사실을 그제야 깨달은 것이다.

형제가 없던 마코토 씨는 어머니가 없는 동안 집에서 혼자 시간을 보내야 했다. 그 또한 서운했던 일이지만 워크4를 해보면서 엄마 없이 홀로 긴 시간을 보내며 오히려 좋은 점도 있었다는 걸 알게 되었다. 예를 들어 부모의 간섭과 감시 없이 자유롭게 시간을 보내고 싶은 중학생 때는 친구들보다 훨씬 많은 자유를 누릴 수 있었다.

마코토 씨는 그 덕에 좋아하는 음악을 마음껏 즐겼고,

이후 특별전형으로 대학에 진학했다. 또한 부모에게 기댈 수 없었기 때문에 무슨 일이든 스스로 결정해서 행동했고, 간섭받지 않는 만큼 마음 편히 돌아다니는 습관도 생겼다. 돌이켜 보니 이 모든 게 장점이었던 것이다. 결과적으로 부모 탈출 워크를 통해 아버지에게 버림받았다는 것은 단지 나의 착각이며, 아버지 나름대로 사정이 있었을지도 모른다는 생각이 처음 들었다.

이때부터 마코토 씨의 인생은 좋은 쪽으로 바뀌기 시작했다. 원래 관심 있던 분야에 프리랜서로 일하게 된 것이다. 그동안 나고 자란 고향에서 평생 벗어나지 못할 거라 믿어 왔는데, 이후 원하는 곳에서 생활하는 자유도 얻게 되었다.

그렇게 독립하며 도쿄로 이사하게 되었을 때, 그는 어머니로부터 "힘들면 언제든 돌아와도 돼"라는 따뜻한 말을 들었다. 계속 자신을 방치해 두고 이렇다 할 애정을 보인 적이 없던 어머니의 예상치 못한 말 한마디에 가슴이 포근해졌다고 한다. 마코토 씨는 부모는 늘 자식의 가장 든든한 아군이라는 사실을 다시 한번 실감했다.

참고로 마코토 씨를 처음 만났을 때 그는 '나에게 관심 좀 줘'라고 말할 것 같은 표정을 짓고 있었다. 떨어져 지낸 아버지는 물론이고 함께 살던 어머니에게도 충분히 사랑받지 못했다는 애정결핍이 대인관계나 비즈니스에 드러났던 것으로 보인다.

비즈니스의 성패를 결정하는 요인 중 하나는 '남에게 얼마나 아낌없이 줄 수 있는가'이다. 내가 예전에 그랬듯 마코토 씨도 자신이 부족하다고 느낄 뿐이지, 남을 베푸는 단계에는 이르지 못했던 것 같다.

하지만 부모 탈출 워크를 통해 어머니로부터 많은 사랑을 받아 왔고, 또래와는 다른 환경일지 모르지만 그 안에서 잘 살아왔다는 사실도 깨닫자 마음이 편해지고 남을 베푸는 여유가 생겼다. 동시에 남의 관심을 끌려고 과하게 엉겨 붙는 행동도 사라졌다고 한다. 마음을 치유한 마코토 씨는 현재 프리랜서로 독립해서 순조롭게 사업을 늘려 나가고 있다. 효율적인 업무 진행으로 시간과 장소에 구애받지 않으며 생활하고 있다고 한다.

부모 문제를 해결하면
몸이 가뿐해진다

앞서 일과 인간관계로 어려움을 겪던 사람들이 부모 탈출 워크로 어떻게 좋아졌는지 살펴보았다. 이제 건강에 관해서도 이야기해 보자.

나의 경우에는 부모에 대한 마음을 정리하기 전까지 늘 몸이 나른하고 일고여덟 시간씩 자도 피로가 풀리지 않았다. 아침이 오면 변함없는 하루가 또 시작된다는 생각에 우울해졌다. 하지만 부모 탈출 워크를 끝내고 나서는 하루에 4시간만 자도 거뜬하다. 일이 너무 재밌어서 잠자는 시간마저 아깝다. 또한 나를 가로막고 있던 부모 장벽이 무너지자 일에 매진할 수 있게 있었다.

26세 회사원 리사 씨도 사춘기 이후 음식을 과하게 먹고 토하기를 반복하며 몸이 늘 좋지 않았다. 거식증과 과식증은 정신질환 중에서도 가장 죽음에 이르기 쉬운 매우 위험한 증상이라고 한다. 다행히 리사 씨는 증상이 그리 심하지는 않았지만, 짧은 기간에 체중이 5~6킬로 그램씩 변하자 마음이 불안한 상태라는 걸 자각하고 있었다. 또한 불면증 때문에 수면유도제를 끊지 못하는 것도 고민이었다. 당시에 한창 '독 부모'라는 말이 유행하고 있어서 리사 씨도 내 엄마가 그런 사람이 아닐까 생각했다.

리사 씨의 부모에 관해 물어보니 아버지는 존재감이 별로 없고 어머니는 간섭이 심한 편이었다고 한다. 귀가 시간이 학생 때는 저녁 7시, 회사원이 되고는 저녁 8시였고 친구와의 여행은 꿈도 꿀 수 없었다. 사귀는 남자가 생기면 신원조사를 하고 옷도 어머니가 품위 있어 보이는 것으로 골라 주었다고 한다. 이유는 '너는 혼자서 아무것도 못 하니까.' 리사 씨는 어머니에게 약간 반발하긴 했지만, 결국 '엄마의 말이 맞을지도 몰라' 하며 그대로 따랐다.

부모 탈출 워크를 진행하면서 리사 씨는 어머니를 객관적으로 살펴볼 수 있었다. 리사 씨의 말에 따르면, 그녀는 어머니의 지나친 간섭을 자발적으로 받아들이고 있었다. 어머니가 성가셔서 집을 나가고 싶었으면서도 그러지 않은 이유는 경제적인 혜택을 볼 수 있었기 때문이다.

피부, 헤어스타일, 패션에 관심이 많던 리사 씨는 매달 월급의 대부분을 미용이나 옷값으로 썼다. 혼자서 생활했다면 도저히 쓸 수 없는 금액이었다. 늘 외모에 신경 쓰다 보니 이성의 관심도 자주 끌었다.

어머니의 간섭을 그저 받아들였다는 사실을 객관적으로 이해하니, 어머니를 더 이상 원망하지 않고 거식과 과식을 반복하는 일도 사라졌다. 예전보다 훨씬 수월하게 잠자리에 들자 수면유도제도 필요 없어졌다고 한다.

리사 씨는 어머니의 간섭 덕분에 스스로 판단하지 않아도 잘 살아올 수 있었다. 하지만 이는 '나다움'을 버리

203

는 행동이기도 하다. 리사 씨도 무의식중에 이를 깨닫고 나답게 살려 했다. 하지만 어머니의 말에 틀린 점도 없고 무엇보다 그대로 따르면 편했다. 즉 마음속에 이러한 갈등이 계속되어 왔을 것이다. 하지만 마음먹고 부모와의 관계나 자신이 받고 있던 이득을 직시하자 리사 씨는 비로소 새 삶을 살 수 있었다.

진짜 인생은
지금부터 시작이다!

이 장에서는 지금까지 내가 만난 고객들의 사례를 소개
했다. 혹시 이 중에 여러분이 어릴 적 겪었거나 현재 안
고 있는 고민에 가까운 것이 있었는가?

부모 탈출 워크를 마치고 나면 이 장에서 만나 본 사
람들과 마찬가지로 '지금껏 내 인생은 무엇이었을까?'라
는 생각이 들 것이다. 그러곤 '진짜 인생은 지금부터 시
작이다!'라고 느낄 수도 있다. 당연히 그렇다고 해서 지
금까지의 인생이 결코 헛된 것은 아니다.

여러분은 부모로부터 많은 것을 받아 왔다. 그 하나하

나가 여러분의 피와 살이 되고, 마음의 비료가 되어 지금의 여러분을 만들어 주었다. 부모 탈출 워크를 진지하게 해봤다면 틀림없이 이해할 것이다.

부모 탈출 워크를 끝내면 그전까지의 경험과 모든 시간에 의미가 생긴다. 이를 통해 여러분의 인생은 더욱 깊어질 것이다. 앞으로 펼쳐질 인생을 기대해 보자!

부모는 그대로여도
나는 달라질 수 있다

사람들은 어떤 계기로 생각이 확 바뀔 만큼 강렬한 '인생의 전환기'를 경험하곤 한다. 나에게도 그런 일이 있었다. 앞서 이야기했지만 2016년에 존 디마티니의 디마티니 메소드를 접했을 때다.

그전까지 나는 부모에 대한 응어리가 오랫동안 풀어지지 않았다. 나는 내가 '성인 아이'라는 사실을 알고 있었다. 성인 아이는 어릴 적 가정에서 겪었던 일에 연연하며 어른이 되어서도 생활에 어려움이 있는 사람을 뜻하는 말이다. 이후 이를 극복하고자 다양한 자기계발 방법을 시도해 보고 워크숍에 참가하기도 했지만, 머리로는 알고 있어도 마음속에서 전혀 받아들이지 못했다.

그렇게 여러 방법을 찾아보던 중에 우연히 디마티니 메소드를 만났다. 지금도 '이 방식을 통해 아버지에 대한 관점을 바꾸지 못했다면 나는 지금 어떻게 살고 있을까?' 라는 생각이 들곤 한다. 틀림없이 아버지에 대한 반발심과 혐오감으로 가득 차서, 눈앞의 욕심을 채우는 데 급급해 이것저것 도전해 보고 좌절하기를 반복했을 것이다.

돌이켜 보면 필요 없는 고민을 떠안고 살아온 수많은 시간이 곧 많은 것을 배운 소중한 시간이었던 것 같다. 짙은 어둠은 강한 빛이 있기 때문에 존재한다. 아버지와 갈등을 많이 겪었기 때문에 아버지가 나에게 많은 걸 베풀었다는 사실을 깨닫자 무척 기뻤다.

나는 아버지와 화해하는 과정에서 많은 것을 배웠다. 특히 '내 인생이나 미래는 내가 바꿀 수 있다'는 사실이 큰 수확이었다. 이 책을 읽고 여러분도 '아, 그렇구나'로 끝내지 말고, 인생을 바꾼다는 마음으로 부모 탈출 워크를 진지하게 실천해 보기 바란다. 그러면 여러분의 인생도 확실하게 변할 것이다.

만약 '인생이 변했다!', '이렇게 좋아지다니!'와 같은 경험을 했다면 SNS에 그 기쁨을 꼭 공유했으면 좋겠다. 여러분의 목소리는 많은 사람에게 전달되어 그 사람들의 인생을 긍정적인 방향으로 이끌 것이다.

우리는 행복해지기 위해 태어났다. 부모는 그 누구보다 우리가 행복해지기를 바라며 애정을 담아 키워 주었다. 하지만 부모가 보여 주는 애정과 우리가 받고 싶은 애정에는 가끔 차이가 있다. 그 차이 때문에 우리는 고민하곤 한다. 부모가 보여 준 애정이 장벽이 되어 우리를 묶어 버리기 때문이다.

하지만 이제 괜찮다! 부모 탈출이 끝나면 여러분은 자신의 인생을 살 수 있다. 즉 자신이 정말 원하는 것, 자신이 태어난 이유, 그리고 나아갈 길을 깨닫게 된다.

나의 오랜 숙제를 극복하게 해준 존 디마티니와 디마티니 메소드를 일본에 소개해 준 '의욕 연구소'의 이와모

209

토 다카히사 씨에게 깊은 감사를 전한다. 그리고 이 책을 선택한 독자 여러분에게도 감사의 말을 전하고 싶다. 이 책이 조금이라도 도움이 된다면 저자로서 더할 나위 없이 기쁘겠다.

— 산린 사토시

옮긴이 • **황혜숙**

번역이란 단순히 언어를 옮기는 것이 아니라 문화를 옮긴다는 마음가짐으로 작업에 임하는 번역가. 시드니의 화창한 날씨 속에서 해가 갈수록 더해지는 번역의 즐거움을 만끽하며 살고 있다. 건국대학교 일어교육과 뉴질랜드 오클랜드 대학 언어학 석사를 취득했으며, 현재 번역 에이전시 엔터스코리아 출판기획 및 일본어 전문 번역가로 활동 중이다.

주요 역서로는 『일할 때 가장 많이 써먹는 수학』 『마음에도 정리가 필요합니다』 『끝까지 해내는 사람들의 1일 1분 루틴』 『이렇게 하니 운이 밀려들기 시작했습니다』 『한 줄 정리의 힘』 『50부터는 인생관을 바꿔야 산다』 『경영자가 알아야 할 문제해결의 모든것 아마존에서 배워라』 『생산성』 『콘텐츠의 비밀』 『플랫폼이다』 『에픽테토스의 인생 수업』 『사이토 다카시의 2000자를 쓰는 힘』 『공부 집중력』 등이 있다.

부모가 곁에 있어 더 불행하다면

초판 1쇄 발행 2023년 9월 4일

지은이 산린 사토시
펴낸이 정덕식, 김재현

펴낸곳 (주)센시오
출판등록 2009년 10월 14일 제300-2009-126호
주소 서울특별시 마포구 성암로 189, 1711호
전화 02-734-0981
팩스 02-333-0081
전자우편 sensio@sensiobook.com

ISBN 979-11-6657-116-9 03190

소중한 원고를 기다립니다. sensio@sensiobook.com